SOUVENIRS

DE LA MARQUISE

DE CRÉQUY

Paris. — Imprimerie KAPP, 20, rue de Condé.

Victoire de Froullay,
(Marquise de Créquy.)

SOUVENIRS

DE LA MARQUISE

DE CRÉQUY

DE 1710 A 1803

NOUVELLE ÉDITION REVUE, CORRIGÉE ET AUGMENTÉE

TOME PREMIER

PARIS

GARNIER FRÈRES, LIBRAIRES ÉDITEURS

6, RUE DES SAINTS-PÈRES

AVIS

DU LIBRAIRE-ÉDITEUR.

Depuis que les ouvrages biographiques ont obtenu une si large part de la curiosité et de l'attention publiques, il en est bien peu qui les aient excitées au même degré que les *Souvenirs de la Marquise de Créquy*.

C'est que personne, il faut le dire, n'avait été mieux servi par une heureuse réunion de circonstances pour observer et apprécier ce xviiie siècle, dont les révélations offriront long-temps encore un si vif attrait à ses successeurs. En effet, si (en exceptant ses dix dernières années) il a légué à l'histoire moins de faits éclatans ou remarquables que le siècle précédent, combien n'a-t-il pas fourni de riches matériaux aux mémoires particuliers, aux peintures de mœurs, aux chroniques et même aux recueils d'anecdotes, enfin à tout ce que l'on peut appeler *l'histoire intime* d'une nation.

Versailles et Paris formaient à cette époque deux mondes différens, et il était rare et difficile de se trouver également bien placé pour saisir la physionomie de *la cour et de la ville*. Tel fut le privilége de Mme de Créquy, dont le rang, la haute naissance et la noblesse de caractère lui donnaient accès dans les palais, en même temps qu'ils attiraient dans ses salons toutes les illustrations contemporaines. Tout venait poser devant elle ; il ne s'agissait plus que de savoir peindre, et comme la grande Dame était une femme judicieuse et spirituelle, la tâche se trouva facile pour son pinceau fidèle et brillant.

Quoique l'esprit fût pour Mme de Créquy *une autre dignité*, elle eut en outre l'avantage de ne point être comptée parmi les femmes-auteurs du dernier siècle, encore moins parmi les femmes-philosophes, double initiation aux cotteries du temps, qui eût pu compromettre son impartialité et influencer ses jugemens. Elle n'avait point ambitionné cette renommée factice, cette gloire sous conditions, qui souvent devient un joug pesant. Il lui fut permis d'écrire pour elle, et non dans l'intérêt d'un parti : c'est ainsi que l'on écrit pour l'avenir.

Ajoutons que dût-on admettre, ce que jusqu'ici l'on n'a fait que supposer, qu'il a fallu parfois compléter des récits, suppléer à des lacunes, développer quelques détails dans ces piquans *Souvenirs*, on reconnaîtrait sans doute que la plume qui s'en serait chargée était bien digne d'une pareille mission. C'eût été en quelque sorte écrire sous la dictée, sinon de la voix, du moins de l'esprit et des traditions de leur auteur.

Les *Souvenirs de Mme de Créquy* ont eu chez nous une de ces réussites bien rares, où la vogue et l'estime réunissent, pour un même livre, leur faveur et leurs suffrages. Trois éditions de l'ouvrage, publiées en France dans l'espace de trois années, ont été rapidement enlevées. Pour constater cette fois un véritable succès *européen*, il en a paru deux versions en Angleterre, et une excellente traduction en Italie. Enfin, la contrefaçon Belge en a fait deux éditions, tirées chacune à cinq mille exemplaires, et, suivant son usage, en a inondé l'Allemagne aux dépens de la librairie française et de la correction du texte original. Jamais ces pirates de terre n'avaient tenté une spéculation plus lucrative.

Ce livre si curieux était devenu tout à fait introuvable dans les magasins de nos libraires. L'édition que nous faisons paraître va le reproduire avec de nombreuses améliorations; l'écrivain spirituel et très-habile, auquel on en doit la première publication, a fait de celle-ci l'objet d'un travail nouveau, consciencieux et soigneusement approfondi. Quelques erreurs de l'ingénieuse Marquise ont été rectifiées; les notes intéressantes jointes à sa narration ont été considérablement augmentées et ajouteront ainsi plus d'un trait piquant aux portraits ainsi qu'aux premiers tableaux que l'auteur avait tracés. Le texte de l'ouvrage a été soumis à une révision complète. Nous devons donc espérer que, sous tous les rapports, cette édition, d'un format élégant et commode, sera bien accueillie par les nombreux admirateurs de M*me* de Créquy, c'est-à-dire par les lecteurs anciens et nouveaux de cette *exhibition d'un siècle*, ainsi que l'ont nommée les traducteurs anglais.

AVIS DE L'ÉDITEUR.

Renée-Charlotte-Victoire de Froullay de Tessé, Marquise de Créquy, de Heymont, de Canaples et d'Ambrières, était une des femmes de son temps les plus renommées pour la supériorité, les grâces naturelles et l'originalité de son esprit. Il est aisé d'en juger par les mémoires où ses contemporains nous ont parlé d'elle.

Madame de Créquy est morte à peu près centenaire, à Paris, où elle avait eu le courage de braver les dangers de la révolution et les exigences du parti de l'émigration. Elle habitait un hôtel de la rue de Grenelle-Saint-Germain, qu'elle avait acheté à vie du Marquis de Feuquières, il y avait de cela soixante et dix ans lorsqu'elle est morte. On voit dans ses manuscrits qu'elle était, surtout depuis quarante ans, dans un état de santé *déplorable*, et c'est à ceci qu'elle attribue le *bon marché* de cette acquisition, dont elle avait la malice de s'applaudir, et dont elle a profité jusqu'à sa mort.

La fameuse princesse des Ursins écrivait de Rome, en 1722, à la Duchesse de la Trémouille, sa nièce : « La jeune Marquise de
» Créquy m'a semblé principalement à dis-
» tinguer, en ce qu'elle est ici véritablement
» Grande-Dame, honnête femme d'esprit,
» fort originale en ses propos, et régulière
» personne en toute sa conduite. »

Jean-Jacques Rousseau disait d'elle que c'était *le catholicisme en cornette et la haute noblesse en déshabillé.*

Parmi les autorités plus rapprochées de notre âge, nous pourrions parler de la curiosité que la réputation de Madame de Créquy inspirait à Napoléon, et de sa considération pour elle ; mais nous nous bornerons à citer ici l'autorité du chantre des *Jardins* et de l'*Imagination*. On sait combien M. Delille était bon juge en matière d'esprit, de bon goût et d'amabilité sociale. La lettre suivante de l'abbé Delille au vicomte de Vintimille est datée de 1788, et fait partie de la riche collection d'autographes de M. l'abbé de Tressan.

« Je vous rends mille grâces, Monsieur le
» vicomte, pour la manière toute aimable

» avec laquelle Madame la marquise de Cré-
» quy vient de me recevoir, ou de m'ac-
» cueillir, pour mieux dire. J'ai trouvé cette
» femme célèbre entourée de si grands per-
» sonnages que je n'ai pu trouver le moment
» de lui présenter ma requête; mais elle a
» bien voulu me faire inviter à dîner pour
» jeudi prochain, et vous imaginez bien
» que je ne *l'oublierai pas.* J'ai trouvé à
» l'hôtel de Créquy Monseigneur le duc de
» Penthièvre et Madame la princesse de
» Conti, ce qui m'a prodigieusement embar-
» rassé, parce que j'ignorais tout-à-fait com-
» ment il fallait se comporter à côté des
» princes et princesses du sang. La maîtresse
» de la maison s'est peut-être aperçue de mon
» inquiétude; et, quoiqu'il en soit, elle m'a
» tout de suite tiré d'embarras, en disant à
» son valet de chambre, à haute voix, mais sans
» aucun air d'intention marquée: *Donnez un*
» *fauteuil à M. l'abbé Delille.* Vous avez la
» bonté de trouver que j'entends les choses à
» demi-mot, et j'espère que je n'aurai fait au-
» cune gaucherie; je suis véritablement *émer-*
» *veillé* de Madame de Créquy. Elle est douée
» d'un esprit si vif et si piquant que je n'avais
» rien vu ni rêvé de semblable. Son juge-
» ment est solide et consciencieux sur tous
» les sujets. Elle est pourvue d'une faculté

» d'observation qui doit avoir été redoutable
» aux gens ridicules ainsi qu'aux malhonnê-
» tes gens, et c'est ainsi que je m'explique sa
» réputation de sévérité malicieuse. Enfin,
» elle me paraît avoir au suprême degré le
» talent de bien raconter sans longueurs et
» sans précipitation : talent qui se perd et
» qui semble avoir été le privilége du siècle
» passé. »

Un jugement si favorable ne sera pas démenti par les mémoires de cette dame, où l'on trouvera notamment une curieuse correspondance de Voltaire avec Madame de Créquy, relativement au cordon noir de Saint-Michel et à l'érection de sa terre de Ferney en marquisat, qui auraient fait, dit l'auteur d'OEdipe et du Dictionnaire philosophique, *la gloire et la joie de sa triste vie!* Les lettres originales de Voltaire doivent avoir été délivrées au feu baron de Breteuil, héritier de Madame de Créquy, et elles doivent appartenir aujourd'hui à Madame la duchesse de Montmorency, petite-fille de M. de Breteuil. Quelque temps avant sa mort, la marquise de Créquy avait disposé du manuscrit de ses SOUVENIRS, qui forment treize cahiers assez volumineux, en faveur d'un parent de son fils, lequel était mort de vieillesse plusieurs années avant sa mère.

L'auteur avait destiné ces mémoires à l'instruction du jeune Tancrède-Adrien-Raoul de Créquy, son petit-fils, qui mourut longtemps avant son aïeule. C'est à lui qu'elle adressait la parole en les écrivant. Madame de Créquy revient souvent sur les erreurs biographiques ou généalogiques qu'elle a remarquées dans le Dictionnaire de Moréri, par exemple, au sujet de l'âge de son père et relativement à l'époque de sa première ambassade à Venise, au sujet du nom de famille et des prénoms de sa mère, au sujet de la date de son mariage avec M. de Créquy, etc. Elle se plaint aussi de ce que l'auteur ou compilateur d'un autre dictionnaire généalogique, appelé *La Chesnaye-des-Bois*, a copié mot pour mot cet article de Moréri, qui, dit-elle, avait été fait par un *manœuvre*, et ne mérite aucune sorte de créance. Elle a observé que, dans l'édition de 1759, il est question de plusieurs actes qu'on y voit datés de 1762 et 1763; et si plusieurs dates indiquées par Moréri étaient exactes, il s'ensuivrait que Madame de Créquy n'aurait eu que huit à neuf ans de plus que son fils. Au reste, la fausseté de ces dates se trouve pleinement démontrée dans le factum du marquis de Créquy, fils de l'auteur, contre la famille *Lejeune de la Furjonière,* laquelle avait pris subitement le nom et les armes de Créquy, qu'elle fut obligée de quitter à la suite d'un long procès et par arrêt du parlement de Paris. Madame de Créquy rapporte que cette famille avait fondé sa prétention sur ce que ses armes étaient *un Créquier*, pièce d'*armoiries parlantes* qui constitue les armes de la maison, de la ville et du duché de Créquy. Les Lejeune avaient avancé qu'ils tiraient leur origine de Raoul, sire de Créquy, IIIe du nom, et surnommé *le Jeune;* mais il fut prouvé que ce héros de la croisade était mort en Palestine sans avoir été marié. Madame de Créquy ajoute qu'il fut également démontré, par son fils, que les Lejeune étaient provenus d'un valet-de-chambre-tapissier du roi Louis XII, qui leur avait conféré la noblesse : ce qui lui fait dire assez plaisamment que le seul rapport qu'on ait jamais pu trouver entre les Créquy et leurs adversaires, c'est que les uns *gagnaient des batailles*, tandis que les autres *faisaient des siéges*. Elle dit également que la protectrice de MM. Lejeune était la comtesse de Soucy, née Lenoir, et que, suivant l'usage du temps, elle avait signé ses lettres de recommandation pour eux *Lenoir Soucy*. Enfin, ce procès généalogique est pour l'auteur un intarissable sujet de plaisanteries nobiliaires, d'épigrammes héraldi ques et de sarcasmes aristocratiques. En entrant ici dans un pareil détail, on ne saurait avoir l'intention de raviver des contestations surannées contre une famille qui subsiste encore et qui survit à la maison de Créquy, dont il paraît qu'elle persiste à garder le nom ; on a voulu seulement avertir que certaines dates indiquées par Moréri et reproduites par *La Chesnaye-des-Bois* étaient non seulement inexactes, mais complètement erronées.

L'éditeur de cet ouvrage est trop désintéressé dans cette publication pour avoir pris la peine d'y faire un *discours préliminaire*; il se contentera de reproduire ici une observation qu'on vient d'adresser à l'auteur de *Jacques II à Saint-Germain*, et qui provient d'un littérateur aussi distingué pour la solidité de son jugement que pour l'agrément de son esprit. « Toutes les femmes âgées sont,
» aux yeux de M. Capefigue, comme des meu-
» bles absolument hors de service. Il en parle
» comme on ferait d'une tapisserie déchirée
» ou d'une porcelaine écornée, avec mépris,
» presque avec colère, ne concevant pas
» qu'elles puissent conserver la moindre im-
» portance sociale. M. Capefigue n'a-t-il donc
» jamais rencontré de ces douairières qui, de-
» venues par leur esprit et leur expérience du

» monde, la puissance des salons, font auto-
» rité en matière de goût, d'usage et de con
» venance, et forcent ceux qui les écoutent
» à oublier le temps qui semblerait les avoir
» elles-mêmes oubliées?

» Jamais les grâces qui caractérisent la
» femme *vraiment femme* ne passent, seu-
» lement elles changent de place. A mesure
» qu'elle avance dans la vie, cet agrément des
» formes qui nous enchante, ces lignes si lé-
» gères, ces teintes si douces et si suaves,
» toutes les grâces de la femme enfin émigrent
» du corps à l'esprit. Jeunes, c'est par les yeux;
» âgées, c'est par les oreilles qu'elles nous
» captivent, et l'on ne cesse de les regarder
» avec plaisir que pour les écouter avec un
» intérêt mêlé de respect. »

A MON PETIT-FILS

TANCRÈDE RAOUL DE CRÉQUY,

PRINCE DE MONTLAUR.

Mon cher Enfant, c'est à vous que je destine et que j'ai légué tous les papiers qui se trouveront chez moi, après moi, et qui finiront, si je continue d'écrire ainsi que je l'ai fait jusqu'à présent, par former plusieurs volumes de mémoires.

Vous les publierez si vous le voulez, et ceci me paraît sans inconvéniens, parce que je suis bien assurée de n'avoir dit que la vérité, et que la vérité me paraît toujours bonne à faire connaître. Vous êtes le dernier de votre maison, mon Enfant; ainsi vous êtes un enfant doublement précieux pour nous. Votre père est continuellement occupé de son regiment, de ses gouvernemens et de ses devoirs de grand officier de MADAME. Mᵐᵉ votre mère est dans un état de santé si déplorable, qu'il est à craindre qu'elle ne puisse travailler à votre instruction avec autant de suite et d'utilité qu'elle voudrait sûrement pouvoir le faire, et que je l'aurais désiré pour vous. Je suis déjà bien vieille, et je ne me porte pas beaucoup mieux que ma belle-fille ; ainsi pourrai-je vous manquer d'un moment à l'autre, et c'est pourquoi j'ai voulu vous faire profiter de mon expérience du monde, en rédigeant et réunissant pour vous quelques observations sur les choses et les personnes de mon temps ; ce que j'ai fait équitablement et consciencieusement, restez-en bien assuré.

Je crois inutile de vous recommander la *fidélité* pour le Roi ; c'est une obligation dont vous aurez le sentiment et que vous aurez dans le sang, pour ainsi dire, mais ce que je vous recommande, c'est la *soumission* pour vos souverains ; car alors vous ne courrez aucun risque de leur avoir manqué de fidélité ; ce qui pourrait arriver, sans cela, dans les troubles politiques qui sont à prévoir, et où je crains, malheureusement, que vous soyez appelé à figurer. Je vous recommande le respect envers les Princes du Sang

Royal, à moins pourtant que leur conduite ne soit coupable et scandaleuse ; car alors c'est principalement à la Haute Noblesse qu'il appartient de leur infliger la punition du mépris qu'ils ont mérité.

Ce que je vous recommande par-dessus toute autre chose, mon cher petit-fils, c'est de vous maintenir inébranlablement dans la foi chrétienne et catholique. Soyez assuré que tous les incrédules ne sont que des ignorans, et que tous les impies sont des gens vicieux. On a toujours une mauvaise raison pour ne pas croire à la religion catholique, ce qu'il ne faut pas confondre avec le tort de ne pas la pratiquer exactement. S'il arrivait que les préoccupations du jeune âge ou l'enivrement des passions vous éloignassent des pratiques religieuses, ne laissez pas le philosophisme vous aveugler, fermez-lui l'entrée de votre ame ; ne laissez pas s'introduire un filou dans le sanctuaire de votre conscience, dans le trésor de votre foi, de votre jugement et de votre raison, à la faveur des ténèbres et pendant un moment de trouble........

Il est assez connu que les Français sont un peuple vaniteux, mais j'ai remarqué que la plupart d'entre eux mettent leur vanité à n'avoir jamais agi d'une manière inconséquente ; et chez nous, tout aussitôt qu'on a fait une mauvaise action, on ne manque jamais de se faire une mauvaise maxime. Aussitôt qu'un écolier a des amourettes, il ne veut plus dire ses prières, et quand une femme a des torts envers son mari, elle tâche de ne plus croire en Dieu. En Italie, en Espagne, on pèche autant qu'en France, et pour le moins, à ce qu'il m'a semblé ; mais on y sait ce qu'on fait, du moins ; et comme on y garde la foi, il y a toujours du remède ; les orages des passions bouleversent les cœurs, mais ils n'atteignent jamais les croyances ; les opérations du jugement n'en souffrent point ; l'expiation succède à l'erreur, et la moralité du reste de la vie n'en est pas détruite. Le feu des mêmes passions s'éteint bientôt dans le vide et le néant du cœur humain, qu'un amour infini, l'amour de Dieu, peut seul remplir et satisfaire, ainsi que vous l'éprouverez certainement. Pourvu qu'on n'ait pas le jugement faussé par une incrédulité systématique, on acquiert inévitablement l'expérience et le dégoût des affections passionnées, on se laisse attirer par l'action de Dieu : et dans ces autres pays où les passions ne s'attaquent pas aux croyances, on n'entend jamais parler ni d'un vieillard dissolu, ni d'une vieille femme irréligieuse, ce qui m'a toujours paru les deux choses du monde les plus odieuses et les plus misérables de la société française.

Dans tous les dangers de mort que vous pourrez courir, et dont je me sens déjà navrée d'avance et par une juste prévision, mon pauvre Enfant! réclamez toujours la protection paternelle et céleste de votre auguste aïeul, le Roi Saint-Louis, de qui vous avez l'insigne honneur d'être issu directement par votre octaïeule, Anne de Bourbon-Vendôme. Je vous exhorte encore à réclamer souvent les suffrages et l'intercession de cette Bienheureuse grand'mère (1), à qui vous devez une partie si notable de votre grande fortune, et surtout à qui vous devrez, comme nous, un si riche trésor de bons exemples et d'édification. Vous n'êtes pas encore dans l'âge où vous pourrez profiter de mes observations, cher Prince; mais vous y trouverez plus tard un témoignage assuré de la tendre affection de votre bonne aïeule.

VICTOIRE DE FROULLAY.

---

(1) Sainte Jeanne de Chantal.

Il est superflu que je parle ici de la maison de Créquy, puisque sa généalogie se trouve partout, et notamment dans l'HISTOIRE DES GRANDS-OFFICIERS DE LA COURONNE DE FRANCE; mais voici le tableau filiatif de la descendance de la B. de Chantal, pour mon petit-fils le Prince de Montlaur.

I. La Bienheureuse Jeanne-Françoise Frémiot, qui fut l'amie de Saint François de Sales, et qui fonda l'ordre de la Visitation, avait épousé Christophe de Rabutin, Baron de Chantal et de Pleumeray, dont elle eut pour fils,

II. Celse-Bénigne de Rabutin, Baron de Chantal, etc.; lequel épousa Marie de Coulange, dont il eut pour fille unique,

III. Marie de Rabutin, Baronne de Chantal et de Pleumeray, Dame Haute Justicière, Châtelaine et Patronne de Bourbilly, Suilly, Trans et autres lieux; laquelle épousa Henry, Marquis de Sévigné, Maréchal des camps et armées, Gouverneur de Fougères, etc.; de qui fut issue,

IV. Françoise-Marguerite de Sévigné, mariée à François-Jules Adhémar de Monteil, Comte de Grignan, Lieutenant-Général en Provence et Chevalier des ordres du Roi; lesquels ont laissé pour fille et pour unique héritière,

V. Pauline-Adélaïde Adhémar de Monteil de Grignan, Marquise de Sévigné, Comtesse de Grignan, Baronne de Chantal et de Pleumeray, Dame de Montélimart en Provence, de Bourbilly en Charollais, du Buron, de Saint-Pœr en Bretagne, etc.; laquelle avait épousé Louis-Charles, Marquis de Simiane et d'Esparron, dont elle a eu pour fille,

VI. Françoise de Chantal-Pauline-Delphine de Simiane, Marquise de Sévigné, Comtesse de Grignan, Baronne de Chantal et autres lieux ; laquelle étant veuve de Jean-Baptiste, Marquis de Castellane, opéra le retrait féodal et linéager du Comté de Grignan, et laquelle épousa Joseph-Gabriel-Tancrède de Félix, Marquis du Muy, Premier maître-d'hôtel de Madame la Dauphine (lequel était frère aîné de feu le Maréchal du Muy, Ministre de la guerre, et l'intime ami du Dauphin Louis IX). Il est provenu de leur mariage et pour fille unique,

VII. Marie-Anne-Thérèse de Félix du Muy, Marquise du Muy et de Sévigné, Comtesse de Grignan, Baronne de Chantal et de Pleumeray, de la Raynarde et autres lieux, femme de Charles-Marie, Sire et Marquis de Créquy, Heymont, Blanchefort, Canaples, etc.; lesquels ont eu pour unique héritier,

VIII. Tancrède-Adrien-Raoul-Joseph-Marie de Créquy, Prince de Montlaur, Marquis du Muy et de Sévigné, Comte de Grignan, Baron de Chantal, à qui je dédie ces mémoires.

« Vous auriez bien dû penser que dans ces cahiers que
» j'ai donnés à lire à Mme de Tessé, parce qu'elle m'en
» avait priée cent fois, il ne pouvait se trouver une seule
» ligne ni un seul mot qui pût scandaliser, je ne dirai
» pas seulement une honnête jeune femme, mais même
» une jeune demoiselle! Ne me connaissez-vous donc
» pas, mon pauvre cousin?.... »

(Lettre de la Marquise de Créquy
au Comte de Tessé.)

NÉCROLOGIE.

(JOURNAL DES DÉBATS.)

26 pluviôse an XI.   Mardi 15 février 1803.

« Madame Renée-Caroline de Froullay,
» veuve de Louis-Marie de Créqui, vient de
» mourir à Paris, âgée de 98 ans. Sa piété
» édifia les disciples de l'Évangile ; sa charité
» nourrit les pauvres ; et, jusqu'à la fin de sa
» vie, elle a conservé, par une espèce de pro-
» dige, cette chaleur féconde d'imagination,
» cette étendue, cette jeunesse de mémoire,
» cet éclat d'esprit et cette profondeur de
» pensée qui l'ont toujours rendue l'admira-
» tion et les délices des hommes les plus dis-
» tingués, en tout genre, de la capitale et des
» pays étrangers. Ses amis les plus assidus et
» les plus intimes, dont elle n'a cessé de pleurer
» la perte, furent M. le Bailly de Froullay, son
» oncle, et M. de Penthièvre. Ces noms ré-
» veillent le souvenir de toutes les vertus, et
» viennent nous avertir qu'il est inutile de
» continuer l'éloge de leur illustre amie.

» Pleine de jours, de bonnes œuvres et de
» gloire, Madame de Créqui a terminé une
» carrière bien longue aux yeux du monde,
» bien courte aux yeux de ses fidèles amis,
» qui tous auraient voulu pouvoir lui faire
» part de leurs années, et reculer pour elle
» les bornes de la vie humaine. »

AVIS DE L'ÉDITEUR.

M. l'Abbé de Boulogne, depuis Évêque de Troyes, s'était empressé d'envoyer à son journal cet article nécrologique, qui ne renferme rien d'inexact, excepté sur l'un des prénoms, l'âge de Mme de Créquy, et l'orthographe des noms propres. Du reste l'Évêque de Troyes nous a dit que ces légères imperfections n'existaient pas sur tous les exemplaires du même journal, dont il n'avait pu revoir et corriger l'épreuve avant la fin du premier tirage.

SOUVENIRS

DE LA MARQUISE

DE CRÉQUY.

CHAPITRE PREMIER.

Naissance de l'auteur. — Son éducation. — Sa famille paternelle. — Une abbaye royale. — Une Abbesse bénédictine. — Les paysans de Normandie. — Le suicide au couvent. — L'assassin *cul-de-jatte*. — Le pâtre sorcier. — Mademoiselle des Houlières. — La bête du Gévaudan.

Si je ne craignais de commencer les mémoires d'une vie sérieuse et qui n'a pas été sans dignité, par une sorte de déclaration grotesque, je vous dirais que je suis née je ne sais quand, ce qui pourra sembler incroyable et qui n'en est pas moins l'exacte vérité.

Ma mère était morte une heure avant ma naissance, tandis que mon père était sur la frontière d'Allemagne, à la tête de son régiment Royal-Comtois, et vous pouvez bien imaginer qu'au milieu du trouble qui s'ensuivit au château de Montflaux, on eut autre chose à penser qu'à me faire enregistrer à la sacristie de la paroisse, où, du reste, quarante ans plus tard, il n'y avait encore aucune espèce de registre pour tenir l'état civil (1). Le vicaire inscrivait le nom du baptisé sur une feuille volante, et quand on venait lui demander un acte de naissance, il en donnait quelquefois l'original, afin d'économiser son écriture et le papier marqué. Je suppose que le chapelain de ma mère avait eu la précaution de m'ondoyer : mais comme il était mort l'année suivante, on n'en savait rien du tout; ce qui fit que la Coadjutrice de Cordylon, ma tante, eut soin de me faire baptiser, *sous condition*, lorsqu'on m'envoya près d'elle à l'âge de sept à neuf ans. Il avait été convenu que ce serait notre cousine, la Princesse des Ursins, qui serait ma marraine, et je n'en ai jamais su davantage au sujet de cette affinité sacramentelle.

Il faut vous dire aussi que l'ancien intendant de nos terres du Maine avait été frappé de paralysie quelques jours avant celui de ma naissance, et que mon père étant resté prisonnier pendant dix-sept

---

(1) Le château de Montflaux, chef-lieu du comté de ce nom, érigé en 1649, en faveur de Charles de Froulay de Tessé, Grand Maréchal des logis de la maison du Roi Louis XIV, et Chevalier de ses ordres, est situé dans la paroisse et châtellenie de Saint-Denys-lez-Gâtines, au diocèse du Mans.

(Note de l'Éditeur.)

mois, sans recevoir aucune nouvelle de sa famille, de ses amis, ni de ses gens d'affaires, il n'avait appris la mort de ma pauvre mère qu'en débarquant au château de Versailles, où le Maréchal de Tessé, son oncle, lui conseilla discrètement de s'aller mettre en deuil. On a calculé par après, mais à peu près, que ma naissance devait avoir eu lieu dans les derniers jours de l'an 1699, ou dans le courant de l'année suivante, ou dans les premiers jours de 1701 ; mais c'était une supputation qui n'importait guère à mon père, attendu que la *notoriété publique* et la *possession d'état* suffisaient toujours, me disait-il ; et du reste, il ne s'agissait que d'une fille !....

Tout ce que je me rappelle de ma première enfance, c'est qu'on m'avait logée dans une tourelle du château de Montflaux, où j'avais grand froid l'hiver et grand chaud l'été. On m'avait donné pour me soigner et me servir, deux femmes avec un vieux laquais borgne, et j'avais une telle frayeur de cet homme-là, qu'on l'empêchait d'entrer dans mon appartement. L'intendant de mon père imagina de le remplacer par un mulâtre, et je crois véritablement qu'il avait médité de me donner des convulsions et qu'il avait entrepris de me faire mourir au profit de mon frère. Au lieu de cela, c'est moi qui suis devenue son héritière, et c'est le cas d'observer que l'homme propose et Dieu dispose.

Ma famille se composait alors d'une religieuse, sœur unique de mon père, et de ses frères, au nombre de quatre. C'est à savoir de M. l'Évêque du Mans, qui était un digne et saint Prélat (il avait refusé d'abandonner son siége du Mans, pour acvenir Archevêque et Archicomte de Lyon, ce qui comporte la dignité Primatiale des Gaules, avec cent mille écus de rente). Venait ensuite le Commandeur, depuis Bailly de Froulay, lequel était un habile et valeureux officier de marine (1). On disait, de mon oncle, qu'il ne pouvait plus retourner à Malte, sous peine d'y être décapité, pour avoir insulté le Grand-Maître, Don Raymond de Pérellos, auquel il avait arraché les clés du Saint-Sépulcre, que cette Altesse éminentissime portait suspendues, suivant la coutume, à sa ceinture magistrale. Le successeur de Don Raymond, qui fut un autre Castillan, Don Manuel de Vilhéna, poursuivit longtemps la vengeance d'un pareil outrage auprès de la cour de France, et ce fut avec acharnement; mais le Roi Très-Chrétien laissa les Chevaliers Maltais se débattre là-dessus, à l'écart de son gouvernement, et ne voulut jamais sévir contre le Commandeur de Froulay, qui n'en parvint pas moins à l'un des premiers bénéfices de son ordre, et des plus riches de

---

(1) Mme de Créquy signait toujours *Froullay*, mais il est à remarquer qu'elle n'employait jamais que pour sa signature l'ancienne orthographe de son nom de famille. L'éditeur de ses mémoires est en possession d'une lettre du Duc de Croüy d'Havré, contemporain de Mme de Créquy, lequel y parle de la maison de *Croüy* et de son château *d'Havré*, tandis que sa lettre est signée *Croy de Havrech*. Il en est ainsi dans les lettres du Prince et du Comte de Horn; lorsqu'ils parlent de leur famille, ils écrivent son nom *à la mode française*, et n'en signent pas moins *Hoorne*, comme on écrit le nom de cette ville en dialecte Wallon. Sans parler ici des Princes de Brunswyck, qui signent toujours *Braounschweich*, il y aurait à citer mille autres exemples de la même coutume. (*Note de l'Éditeur.*)

sa langue. Arrivait après mon oncle le Bailly, un Abbé-Commandataire de Notre-Dame de Vallemonts, lequel était Aumônier du Roi, mais voilà tout. Ensuite un autre Abbé de Froulay, Chanoine et Comte de Lyon, qui mourut jeune, et dont je ne saurais vous dire autre chose, sinon qu'il n'aimait pas les limandes. Il disait un jour à ma grand'mère, avec l'accent d'une aversion méprisante : — Vous pouvez être assurée que s'il n'y avait au monde qu'une limande et moi, le monde finirait bientôt ! C'était ma tante la Coadjutrice, qui était la plus jeune de la famille, et c'était la meilleure et la plus spirituelle personne du monde, aussi bien que la plus régulière et la plus aimable professe de l'ordre de Saint-Benoît. J'avais, en outre, mon père qui ne songeait qu'à mon frère le Marquis de Montflaux, ce qui ne veut pas dire qu'il y songeât continuellement. Enfin, nous avions eu le bonheur de conserver Madame la Marquise Douairière de Froulay qui était la seconde femme de mon grand-père et dont j'aurai l'occasion de vous parler souvent. Celle-ci demeurait à Paris, et je ne l'ai connue qu'à l'époque de mon mariage.

Je ne vous parlerai pas ici de la branche aînée de notre maison, parce que le Maréchal de Tessé, la Maréchale et MM. leurs fils, ne quittaient presque jamais Versailles, à moins que ce ne fût pour aller à Marly, Fontainebleau, Compiègne ou Choisy-le-Roi, pendant les voyages, à dessein d'y faire leur cour (1).

---

(1) René III, Sire de Froulay, Comte de Tessé, Marquis de Châteauneuf, de Beaumanoir et de Lavardin, Vicomte de Beau-

Sans compter deux Demoiselles de Froul..
tantes à la mode de Bretagne, qui avaient épousé (je
n'ai jamais su pourquoi), deux Messieurs de Breteuil, et dont j'aurai l'occasion de vous parler plus
tard, nous avions aussi deux arrière-grands-oncles,

mont, de Trans et de Nogent, Châtelain de Varnye, Baron
d'Aulnay, Lessart, Fresnoy-sur-Sarthe et autres lieux, Grand
d'Espagne de la première classe, Duc Romain, Noble Génois et
premier Baron du Maine, Maréchal et Grand-Fauconnier de
France, Colonel-Général des Dragons, Général des Galères de
France et Chevalier des ordres du Roi, Chevalier de l'ordre insigne de la Toison d'Or et de l'ordre royal de Saint-Jacques-
porte-Glaive, Grand'Croix de l'ordre militaire et hospitalier de
Saint-Jean Jérusalem de Malte, Conseiller du Roi en tous ses
conseils, son ancien Ambassadeur auprès du Saint-Siége Apos-
tolique, Gouverneur du Maine et Grand-Écuyer de la Reine.
Sa mère était l'héritière de cette ancienne et chevaleresque
maison de Beaumanoir *bois-ton-sang,* qui descendait du fameux
héros breton de la bataille des Trente La grand'mère du Maréchal était la belle et fameuse Marie d'Escoubleau de Montluc,
laquelle était fille du Marquis d'Alluye et de Jeanne de Foix,
Princesse de Chabannais et de Carmaing. Excusez-nous du peu,
s'il vous plaît, comme aurait dit Mme de Luxembourg.
Mon oncle est mort en 1725, au couvent des Camaldules, où
il s'était retiré depuis plusieurs années. Il avait le Régent, la régence et surtout la cour du Régent en abomination. Il ne sortit
de sa retraite que pour assister au sacre du Roi Louis XV, où il
eut l'honneur de porter sa main de justice. Il est fort inutile de
réfuter ici plusieurs mensonges dont cet envieux et venimeux
Duc de Saint-Simon s'est rendu coupable envers le Maréchal de
Tessé, qui n'en était pas moins un grand capitaine, ainsi qu'un
des plus vertueux et des plus illustres personnages de leur temps.
Je n'ai pas besoin de vous dire, et vous verrez partout combien
il était renommé pour la délicatesse et l'agrément de son esprit.
(Note de l'Auteur.)

qui étaient hauts dignitaires de la religion de Malte, et qui ne sortaient guère de leurs seigneuries bénéficiales. Un d'eux, qui était Grand-Prieur de l'ordre, est pourtant venu mourir à Paris, à l'âge de cent deux ou trois ans, si ce n'est de cent quatre; car il n'avait pas non plus d'acte baptistaire, et même on ne se souvenait pas s'il était né à Marseille ou à Montgeron près Paris; c'était l'un ou l'autre, mais il ne savait lequel des deux, et n'en avait jamais eu le moindre souci (1).

Le comte de Tessé, père de mes grands-oncles, avait été Chevalier d'honneur de la Reine Marie de Médicis; et peu s'en fallut que le Cardinal de Richelieu ne lui fît trancher la tête à cause de sa *partialité* pour cette princesse; c'est l'expression dont se servait le G. Prieur; car avant toute chose, il avait à ménager le respect de la couronne, et ne paraître pas désapprouver la conduite du Roi Louis XIII à l'égard de la Reine sa mère. Il était curieux à écouter sur les derniers Valois, dont il savait des histoires incomparables, et notamment sur le compte

---

(1) LA NOTORIÉTÉ PUBLIQUE ET LA POSSESSION D'ÉTAT! disaient toujours mes grands parens. — Qu'est-ce que nous avons à faire de leurs extraits de baptême? Est-ce qu'ils nous prennent pour des paysans?.... Les auteurs de *Dictionnaires généalogiques* me font toujours rire avec leurs airs d'assurance pour l'exactitude des dates et prénoms! Je vous assure et vous préviens qu'à l'exception de l'excellent ouvrage du Père Anselme, il n'en est pas un autre en France à qui l'on puisse s'en rapporter et se confier sur la généalogie d'aucune famille française; mais aussi celui-là fait-il le plus grand honneur à l'exactitude ainsi qu'à l'intégrité de ce savant personnage. *(Note de l'Aut.)*

de la Reine Marguerite. Il paraît que le Comte de Tessé avait été le serviteur passionné de cette reine des fleurs d'automne, laquelle avait au moins vingt ans de plus que lui, ce que son fils nous expliquait galamment et discrètement à la manière de Brantôme et du Décaméron de l'autre Marguerite, en nous enjoignant de n'en jamais parler qu'entre nous, afin de ne pas *obscurcir la gloire* et compromettre la réputation de la première femme d'Henri IV (1).

En dehors de ce qui s'était passé dans sa famille, mon oncle ne savait aucune chose et ne se souvenait de rien qui fût arrivé depuis l'année 1690; de sorte qu'il ordonnait qu'on allât demander, par exemple,

---

(1) Voici des vers élégiaques qui sont peu connus, et que La Monnoye s'est avisé d'attribuer au Père Desportes, Aumônier de la Reine Marguerite; mais je tiens du Duc de la Vallière et du Marquis de Paulmy qu'ils ont été composés par elle-même, ainsi qu'il appert d'un manuscrit de la bibliothèque de Paulmy, où l'on voit des ratures avec plusieurs variantes et des corrections, écrites de la propre main de cette aimable et spirituelle Princesse.

    Cette brillante fleur de l'arbre des Valloys,
    En quy mourut le nom de tant de puissans Roys!
    MARGUERITE, pour qui tant de lauriers fleurisrent,
    Pour qui tant de bouquets chez les Muses se fisrent.
    A veu fleurs et lauriers sur sa teste seicher,
    Et par un coup fatal les Lys s'en destacher.
    Las! le cercle royal dont l'avoist couronnée,
    En tumulte et sans ordre, un trop prompt hymenée,
    Rompu du mesme coup, devant ses pieds tombant,
    L'a layssée comme un arbre écymé par les vents.
    Espouse sans espoux, et royne sans royaulme,
    Vaine ombre du passé, triste et noble fantôme,
    Elle a traisné depuis les restes de son sort,
    Et veu jusqu'à son nom périr advant sa mort.

(Note de l'Auteur.)

des nouvelles de M. de Louvois, dont il attendait toujours la grand'croix de Saint-Louis, ou bien de Mademoiselle de Lenclos, qu'il avait beaucoup aimée. Le Président d'Ormesson, qui était un subtil et pointilleux personnage, avait essayé de lui faire entendre que le Marquis de Louvois, l'ancien ministre, ne vivait plus depuis l'année 1691, et que la célèbre Ninon devait être morte en 1706, je crois. Mais ils se brouillèrent dans la discussion qui s'ensuivit, et c'est un résultat dont nous fûmes charmés, attendu que ce vieux d'Ormesson nous avait toujours semblé le plus ennuyeux des parlementaires. Le Grand Prieur envoyait aussi quelquefois chercher M. Fagon pour le consulter sur son manque de forces ou son défaut d'appétit. On lui répondait toujours qu'il était mort la veille, et il recommençait le lendemain. Il ne manquait jamais d'écrire au Révérend Père Le Tellier, pour le complimenter sur la nouvelle année, et ce qu'il y a de plus curieux, c'est qu'il lui demandait encore l'assistance de ses conseils et de ses prières, contre des tentations qui n'étaient pas du tout celles de son âge..... Ce n'était pas une affaire de rabâcherie décrépite; car il entrait dans les détails les plus juvéniles et les plus résolument exprimés; mais comme ces lettres confidentielles avaient une sorte de caractère sacramentel, il avait été convenu qu'on les brûlerait dorénavant sans les ouvrir, et c'est une décision qui me fit de la peine. Sur toute autre chose antérieure à ladite année 1690, il était resté d'une raison parfaite et parlait toujours comme un bon livre. Il a fini sans aucunes souffrances, en nous disant de le recommander aux prières de son ami, le grand Bossuet, lequel était enseveli dans les caveaux de sa cathédrale de Meaux, il y avait déjà treize ou quatorze ans lorsque mon oncle mourut, en 1719. J'étais âgée, pour lors, de seize à dix-huit ans. Nous allons rétrograder de quelques années.

Entre sept et neuf ans, on m'avait conduite en litière à l'abbaye de ma tante, où je me trouvai d'abord un peu dépaysée, parce que je n'entendais et ne parlais que le patois manceau. Je n'avais jamais vu mon père, et la première fois que j'ai vu mon frère, il avait au moins dix-huit ans. Je n'ai jamais pu savoir depuis, ni qui l'avait élevé, ni ce qu'il était devenu pendant tout ce temps-là. Mon père me disait en riant que j'étais bien curieuse, et que c'était l'affaire de l'Evêque du Mans, qui s'était chargé de pourvoir à la bonne éducation de son neveu, dont il avait fait un jeune seigneur accompli. Enfin, mon frère se fit annoncer à l'abbaye de Montivilliers, où je le vis arriver en grand équipage avec une suite nombreuse et dans une parure éblouissante. C'était un garçon bien fait avec l'air assuré, qui ressemblait, trait pour trait, à cette belle figure du pasteur de Coustou, qui se trouve au coin de la terrasse de la Seine, auprès de la grille d'entrée sur le parterre des Tuileries. On aurait dit que c'était là son portrait, en antécédence et par prévision du sculpteur. J'avais donc un frère! un frère aimable et charmant! j'avais enfin le bonheur de le voir; je le dévorais des yeux que j'avais remplis de larmes; et lorsqu'il m'embrassa tendrement, j'étais bien heureuse en vérité! Je me souviens qu'il me demanda quel était mon âge ; et quand je lui répondis naturellement que je n'en savais rien, il me dit avec un grand sérieux qu'il ne fallait jamais se moquer de son frère aîné. Le Marquis resta huit jours à l'abbaye pour assister au sacre de ma tante, qui venait de quitter son monastère de Cordylon, diocèse de Bayeux, pour venir succéder à la Princesse Marie de Gonzague au gouvernement de cette noble et puissante église de Montivilliers, qui ne compte pas moins de cent vingt-huit clochers seigneuriaux, soumis à sa crosse et relevant de sa tour suzeraine. Après la Princesse de Guémenée, la Marquise de Nesle, et l'Abbesse de Fontevrault, l'Abbesse de Montivilliers est assurément la plus grande dame de France !

C'était notre oncle du Mans qui vint consacrer sa sœur, et je fonctionnai d'office à la cérémonie, en y portant, sur un carreau de satin violet, le Missel de MADAME. Mon frère me donna la preuve de son excellent cœur, en m'assurant, avec un air de bonté naïve et de résolution déterminée, pourtant, que si je ne voulais pas être Bénédictine, il ne souffrirait jamais qu'on m'y forçât. — Hélas ! répondis-je, est-ce qu'on pourrait vouloir que je fusse *Bernardine?* il me semble que j'en mourrais de chagrin ! Il n'est rien de tel que l'ordre de Saint Benoît, et je ne veux jamais entrer dans aucune autre congrégation que celle de Cîteaux ! — Mais ce n'est pas de cela qu'il est question, répliqua-t-il, et je pensais que vous aimeriez peut-être autant vous marier?.. C'est une supposition qui me parut assez déraisonnable, et qui pourtant me revint souvent à l'esprit, à cause de cela, peut-être?

Je crois bien que dans une portion de ma famille, et du vivant de mon frère, on n'aurait pas mieux demandé que de me voir prendre le voile ; mais on avait, dans ma tante l'Abbesse et mon oncle l'Évêque, affaire à deux personnages qui n'entendaient pas composition sur les obligations de conscience e sur le chapitre de la vocation religieuse. M. du Mans avait toujours un œil ouvert sur toutes les professions qui devaient survenir dans les couvens de son diocèse, afin d'en écarter les pauvres filles intimidées par leurs familles, ou circonvenues par la captation des béguines, et ma tante avait fait sortir de son cloître une jolie novice qu'elle avait dotée pour aller épouser un Chevau-léger, parce qu'ils se mouraient d'amour. C'était une de nos parentes appelée Mademoiselle de Charette. Le jeune officier et sa novice étaient le neveu et la nièce de la Baronne de Montmorency, qui voulait absolument encloître cette pauvre fille, et qui l'a déshéritée pour la punir d'avoir épousé son cousin, parceque celui-ci n'était qu'un Cadet de la maison de Clisson ! Cette raisonnable et charitable Baronne était janséniste, convulsionnaire, et l'amie intime du fameux Diacre Pâris, qu'elle assistait dans ses œuvres pies, et près duquel elle allait travailler continuellement à tisser de la grosse toile, et garnir des sabots avec de la peau de mouton ; tellement qu'elle en avait la peau des mains racornie, rougeâtre et durillonnée comme celle d'un manouvrier (1).

(1) Marie-Madeleine-Gabrielle de Charette, Marquise de Monthebert, de Charette et de Saint-Soliac, femme d'Anne-Léon,

Madame de Montivilliers avait à s'occuper du régime ecclésiastique et de la direction temporelle de cette maison, qui avait été privée d'Abbesse pendant plusieurs années, à cause du refus d'admission d'une Dame Hornet de Boisville, que les religieuses ne voulurent jamais recevoir en cette qualité : ceci pour plusieurs motifs, et notamment parce que l'anoblissement de la famille de cette Demoiselle de Boisville était par trop récent. La Cour ne voulut pas opposer la puissance à la résistance en matière de discipline conventuelle, et surtout contre des filles de qualité dont on avait violé les priviléges ; on suivit les voies judiciaires, et la Couronne perdit son procès contre ces Bénédictines, pardevant le Parlement de Rouen qui débouta le *Seigneur-Roi*. Ma tante avait encore à maintenir la

---

Baron de Montmorency, Chevalier des ordres du Roi, lequel était chef de cette famille, et le grand-père de M. de Montmorency qu'on vient de créer Duc-nompair. Elle était veuve en premières noces de Henry-François de Bretagne et d'Avaugour, Comte de Vertus, Pair de France et premier Baron de Bretagne
(*Note de Mme de Créquy. 1759.*)

Mme de Montmorency avait encore eu pour mari le père du Duc de Sérant d'aujourd'hui. Elle était de la même maison que le Chevalier de Charette de la Contrie, officier de la marine royale et Chevalier de Malte, lequel est à la tête des armées royales en Bretagne. C'est une famille d'ancienne chevalerie, et qui n'est point sans illustration ; car on voit que la dignité de Grand-Sénéchal-d'Épée du Comté de Nantes a été possédée par MM. de Charette à titre héréditaire, et pendant plusieurs générations. Leur nom s'écrivait anciennement *Chareste*, et c'est celui d'une vieille Châtellenie du Diocèse de Tréguier, de laquelle ils sont provenus. (*Note de Mme de Créquy. 1794.*)

répression de quelques abus à l'intérieur ; et de plus, elle avait à défendre au dehors l'indépendance de sa juridiction monastique, ainsi que les droits féodaux de son siége ; ce dont elle s'acquittait avec conscience et vigilamment. Enfin, comme elle ne voulait pas avoir la fatigue et la responsabilité de faire surveiller des pensionnaires, elle n'admettait dans son abbaye que ses parentes, et je n'avais pour compagnes que les deux sœurs du Duc d'Harcourt, dont l'une a épousé le Comte de Créquy-Cléry, et dont l'autre est devenue Visitandine à Caen. L'aînée, Mademoiselle de Beuvron, était une aimable et jolie personne, à qui j'espère que son mari n'aura pas rendu justice, en la faisant emprisonner par lettre de cachet. La cadette, qu'on appelait Mademoiselle de Châtellerault, n'était pas à beaucoup près aussi gracieuse que sa sœur. Lorsque j'appris long-temps après qu'elle venait de mourir en odeur de sainteté, j'en fus surprise et je n'ai pas demandé de ses reliques. Il y avait, en outre, à l'abbaye, une couvée de Demoiselles d'Houdetot, qui étaient toujours habillées en même étoffe de serge de la même couleur, et qui se tenaient toujours disposées comme les tuyaux d'un buffet d'orgues, en rang d'âge et par étage de taille; mais comme elles étaient des orgueilleuses qu'on élevait par charité, et surtout comme elles étaient des sottes, on ne les admettait presque jamais dans la petite cour de MADAME, et je n'avais aucune relation familière avec elles. Mademoiselle de Châtellerault disait que c'étaient les œuvres de la mère Gigogne, en sept volumes, et l'Abbesse avait appris qu'elles passaient régulièrement deux ou trois heures par jour à compter réciproquement leurs taches de rousseur

Ma tante me fit très-bien instruire de ma religion, et me fit soigneusement étudier l'Histoire sacrée et profane, la théologie *usuelle*, ce qui n'était pas alors sans utilité pour se prémunir contre les nouveautés du jansénisme; la géographie, ce qui va sans dire, ainsi que la mythologie; les généalogies françaises et autres; enfin le blason, la langue italienne et la meilleure littérature de notre temps. J'avais une mémoire parfaite, et j'étais d'une application satisfaisante. Je voulus absolument apprendre le latin, à l'exemple de ma tante, qui le comprenait suffisamment, ainsi que presque toutes les dignitaires de sa congrégation; mais bien qu'on m'ait voulu donner la réputation d'une femme savante, je vous dirai que je n'ai jamais été meilleure latiniste qu'un écolier de troisième, à ce qu'il m'a semblé. Et quant à la science du grec, dont on m'a bien voulu faire honneur, je vous dirai que je n'en ai jamais possédé que ce qu'on en peut acquérir toute seule, en lisant et en apprenant par cœur le *Jardin des Racines grecques*. C'est tout ce qu'il en faut pour comprendre les nouvelles nomenclatures qui sont forgées par les pédans, et je vous conseille bien de ne pas perdre votre temps à faire l'analyse et la synthèse de cette langue morte. Je voulus encore apprendre à lire les vieilles écritures; je passais tous les jours une heure ou deux dans une grande salle de l'abbaye, où l'on conservait les anciens contrats, et j'y déchiffrai deux vieilles chartes qui firent gagner un procès à Mesdames de Montivilliers, contre l'évêque de Coutances, lequel procès durait depuis 430 ans. Enfin, j'avais toujours le nez dans les vieux livres, dans les gros livres, et je lisais des dictionnaires et des antiphonaires quand je n'avais pas autre chose à ma portée.

Je me souviens qu'il y avait dans la chapelle où les Abbesses étaient inhumées, deux superbes lampes, dont l'une était d'un beau travail d'orfèvrerie gothique, enrichi de pierreries sur un fond d'or : celle-ci brûlait continuellement, tandis que l'autre, qui était en argent ciselé, n'était allumée presque jamais. Comme je voulais toujours me rendre compte de toute chose, et que j'allais toujours questionnant chacun, j'appris que la lampe gothique avait été fondée vers l'an 1200, et qu'elle avait été dotée en *bled*, ce qui pouvait fournir à son entretien pendant toute l'année ; tandis que l'autre, qui n'avait été fondée qu'en 1550, ne pouvait plus être allumée que pendant quatre mois sur douze, attendu qu'elle avait été dotée en *numéraire*. Voilà de quoi faire un beau chapitre d'économie politique : j'ai toujours oublié d'en parler à M. Turgot.

J'allais souvent prier et méditer dans cette chapelle sépulcrale, au milieu des tombes, des épitaphes et des effigies de ces pieuses et nobles filles, à qui ma tante avait succédé. J'y restais souvent des heures entières au déclin du jour, et c'était sans éprouver jamais aucun sentiment de frayeur ou d'inquiétude. Il me semblait que j'étais en famille avec toutes ces Abbesses de Montivilliers, et, soit dit en passant, je n'ai jamais eu peur des morts, à moins qu'ils ne fussent du sexe masculin, ou que je pusse les soupçonner d'avoir manqué de dévotion pendant leur vie.

L'apparition *visuelle* ou la communication *auriculaire* d'un mort, à qui Dieu permettrait de se manifester à nous, pour demander des prières, est une persuasion qui n'a rien de déraisonnable de la part des catholiques, attendu que nous croyons au purgatoire ainsi qu'à l'application des indulgences puisées dans les mérites surérogatoires de J.-C. et des saints, et les suffrages de l'Église universelle. Mais, dans l'opinion des protestans, qui croient à la prédestination pour le salut ou pour les peines de l'enfer, indépendamment des prières et des bonnes œuvres, la croyance aux Revenans devrait paraître une illusion mensongère, une extravagance, et j'ai pourtant remarqué que les protestans sont toujours préoccupés de visions, de révélations, de revenans et d'apparitions beaucoup plus que nous. Puisque les protestans décédés ne sauraient profiter des prières de leurs co-sectaires, pourquoi les protestans vivans voudraient-ils que Dieu permit à leurs défunts de se manifester à des personnes qui ne prient jamais pour les morts? Dieu ne saurait suspendre l'ordre des choses établies par lui-même, à moins que ce ne soit dans une intention de miséricorde pour ses élus; ainsi les huguenots qui se croient visionnaires, ont un tort de plus que certains catholiques qui sont trop crédules, c'est-à-dire qu'ils osent attribuer à Dieu des actes d'inconséquence et de puérilité *tortionnaire*, ainsi qu'on dirait en termes de pratique. Dieu nous avait créés à son image, mais nous le lui rendons bien, disait Fontenelle.

Il est quelques traits particuliers aux protestans d'Allemagne, que je ne saurais passer sous silence;

et qui vous les feront distinguer au premier coup d'œil. C'est un mélange inouï de vide et d'informe; de mielleux, d'arrogant et de niais ; de mystique, d'érotique et de germanique enfin, qu'on trouve inconcevable et qui ne saurait s'exprimer. Ces hommes qui rejettent les dogmes du catholicisme, admettent toutes les superstitions connues. Dans une même tête, on trouve amassées les opinions de Pythagore et la philosophie de Kant; le pyrrhonisme de Voltaire et la croyance aux enchantemens ; la plus ridicule exaltation pour les temps gothiques et pour la chevalerie, avec une âpreté révolutionnaire et toute la sécheresse du philosophisme; ils sont impies, si vous leur demandez les œuvres du chrétien ; mais vous les trouvez toujours catholiques dans tous leurs poèmes et dans toutes leurs compositions littéraires. La morale de Lycurgue y parait à côté de celle d'Épicure. Ils ne veulent pas croire aux miracles de Saint Jean-Népomucène, mais ils ne doutent pas que les magnétiseurs ne chassent les démons, et qu'un sorcier de Marbourg ne fasse danser les morts. Érasme disait : « Il y aura toujours quel« que chose de niais dans tout ce qui viendra des « protestans! »

Il est à considérer pourtant qu'en Allemagne, on voit présentement des ministres protestans, des princes philanthropes, et des savans renommés, qui professent ouvertement la magie; et ce n'est pas seulement l'Allemagne protestante qui nous présente aujourd'hui ce phénomène de l'impiété. Dans les temps extraordinaires, l'extraordinaire soulève ses voiles, et p--- les secrets du jugement de Dieu contre ceux rejettent le royaume du ciel, consiste peut-être les laisser pénétrer dans les secrets du royaume des ténèbres.

— Vous me semblez une étrange fille, me disait l'Abbesse, et comment se fait-il que vous restiez si tard et si tranquillement dans nos caveaux?

— Mais, ma Tante, comment pourrait-on s'effrayer de saintes ames! et que voudriez-vous que me fissent des Abbesses, si ce n'est de me donner leur bénédiction? Oh! si c'était des Chevaliers, des Écuyers ou des Moines que je n'aurais jamais ni vus ni connus, j'en aurais certainement des frayeurs extrêmes! Mais je n'ai pas voulu prendre au sérieux l'histoire de la grande d'Houdetôt, qui m'a dit avoir reçu un fameux coup de crosse....

— Et de qui donc?

— Mais.... de Madame de Gonzague..... un jour qu'elle avait approché de sa tombe....

— Voilà encore une belle ânerie de Mademoiselle d'Houdetôt, répondit ma tante, et c'est précisément une statue qui n'a pas la crosse à la main! Je ne dis pas si c'était son breviaire, qu'elle aurait bien dû lui jeter à la tête!.... Mais voyez donc l'irrévérence et la maladresse de cette invention, et voyez un peu la belle menteuse!..... Je vous défends d'écouter ses histoires et d'aller jamais causer avec elle!

J'éprouvais dans cette imposante chapelle un sentiment de rêverie mélancolique, avec des momens d'un attendrissement ineffable et comme une sorte de saisissement respectueux et doux, en pensant que c'était dans cette enceinte si paisible, si noblement décorée, et si bien à l'abri de toute profanation, que reposeraient les restes chéris et vénérés de ma tante, ma bonne et chère tante ! BEATAM RESURRECTIONEM EXPECTANS. — Ah oui ! m'écriais-je, en laissant tomber des flots de larmes, que j'essuyais bientôt, avec des élans de joie céleste et de félicité radieuse ; ah oui ! la résurrection réunira tous ceux qui se seront endormis dans la même foi, dans la même espérance et dans le culte sacré du même tombeau ! le seul tombeau qui n'aura rien à rendre à la résurrection (1) !

Il y avait sur un sarcophage de marbre noir, isolé sur le pavé de la chapelle et placé sur une estrade de trois marches, à la hauteur d'un cercueil, il y avait une belle figure couchée, qu'on attribuait, dans l'obituaire du couvent, à Jean Goujon, le fameux statuaire, et qui représentait une jeune Abbesse de Montivilliers, de la famille de Montgommery. Elle était morte à 19 ans, portait son épitaphe, où l'on voyait aussi qu'elle avait été MALHEUREUSE ET PERSÉCUTÉE PAR CEUX QUI CONNURENT LA BONTÉ DE SON COEUR ET QU'ELLE AVAIT COMBLÉS DE SES BIENFAITS. PRIEZ POUR SES ENNEMIS, disait-on pour elle, à la dernière ligne de cette inscription.

Le sculpteur avait introduit autour du doigt annulaire de la main droite, qui retombait et se détachait sur la moulure du sarcophage, il avait introduit, par une incision dans le marbre, l'insigne abbatial, c'est-à-dire l'anneau que cette jeune reli-

---

(1) St. Grégoire-le-Grand.

gieuse avait porté de son vivant, et qui, suivant la prescription du rituel, était orné d'une pierre violette. Il en était ainsi de sa croix pectorale, qui paraissait tomber d'un ruban violet, au moyen d'une incrustation en lames de *feldspath*, admirablement bien appliquées. Sa véritable crosse d'or était portée par une figure de génie voilé, qui la tenait haute et à deux mains, derrière et au-dessus de la tête de la figure principale, à qui tous ces enroulemens de feuilles d'acanthe, de découpures fleuronnées, et de perles d'or formaient comme une sorte de couronnement du style le plus noble et le plus gracieux. Il n'y avait en marbre blanc que le visage, les mains, les avant-bras et les pieds nus de la statue, dont le grand voile et la robe de chœur à vastes manches, étaient en beau marbre noir. Je n'ai jamais vu de draperies si légères et si largement exécutées. Je me rappelle aussi qu'elle avait sous la tête un coussin de porphyre impérial (c'est-à-dire du plus beau violet), lequel était encadré d'un riche ornement en vermeil ciselé, pour imiter un galon d'arabesques avec ses glands d'or. Ce beau monument du siècle des Valois ne laisse rien à désirer pour la conception ni pour l'exécution. J'ai toujours aimé pardessus tout les compositions du temps de la renaissance, à qui je ne trouve ni la froideur de l'antique, ni la gaucherie du gothique, ni l'affèterie grimacière et tourmentée des monumens d'aujourd'hui. Celui dont je vous parle est un des plus anciens, et peut-être le premier ouvrage de ce grand sculpteur. J'ai vu long-temps après, dans la Romagne, et surtout dans la Toscane, plusieurs tombeaux dont les disposi-

tions et l'ajustement avaient quelque chose d'ana-
logue à celui-ci.

J'avais conçu pour cette image et pour la personne
qu'elle représentait, un sentiment de prédilection
singulière entre toutes ses sœurs de la tombe ; et,
lorsque j'étais sans témoins, je ne sortais jamais de
la chapelle sans avoir été lui baiser la main. J'y
mettais toutefois de la nuance et du scrupule avec
une grande délicatesse de conscience ; car, lorsque
je ne me croyais pas, à ce qu'il me semblait, en *état
de grâce*, quoique assurément, et grâce à Dieu !
mes péchés de ce temps-là ne fussent que des fautes
purement *vénielles*, je n'osais pas appliquer ma bouche sur la belle main de marbre, et je me bornais
à baiser l'anneau de Madame, à l'exemple des sœurs-
converses et des clercs-minorés.

Un soir, je crus sentir qu'elle avait remué sous
mes lèvres (la bague et non pas la main, Dieu
merci !), je pensai qu'elle n'était pas assez solide-
ment scellée, et pour m'en assurer, je la saisis par
son chaton d'améthyste qui donnait prise, attendu
que la pierre en était grande et saillante.....; la
bague se détacha brusquement et me resta dans la
main!.... Jugez de ce que j'éprouvai lorsque j'en-
tendis subitement un bruit de sandales qui se diri-
geaient du même côté de la chapelle !....

C'était une vieille religieuse qui venait à pas lents,
pour s'agenouiller et faire sa prière auprès du tombeau d'une autre Abbesse, qui était morte en odeur
de sainteté, et qui s'appelait Madame d'Hautemer
(grande maison normande qui n'existe plus) ; mais
pour ne pas m'embarrasser dans une explication

qui l'aurait peut-être scandalisée, j'emportai l'anneau que je n'ai jamais rendu. Ma tante à qui je ne manquai pas d'en faire ma coulpe et de confier les pratiques de mon culte pour la défunte, avait commencé par exiger la restitution de cet insigne, en me disant que ce serait une sorte de larcin; mais j'en fus si désespérée, et je lui trouvai de si bonnes raisons, par analogie avec le culte des reliques, qu'on se distribue par fragmens sans s'embarrasser d'autre chose, ce qui est bien autrement personnel aux saints du Paradis qu'un morceau de pierre ou de métal..... enfin, je procédai si logiquement, et surtout si tendrement, que Madame de Froulay finit par consentir à me laisser la bague de Madame de Montgommery, en exigeant seulement qu'elle fût remplacée par une autre absolument semblable, et que j'eusse à la payer de mes propres deniers, afin d'en agir avec le plus d'équité possible. A la vérité, cette indulgente et parfaite personne eut la bonté d'augmenter ma petite pension, de manière à ce que je n'en souffrisse pas et que *mes pauvres* ne s'en ressentissent point. Lorsque la bague de remplacement fut arrivée de Rouen, où Madame de Montivilliers n'avait pas manqué de la faire bénir par son Archevêque, afin d'y faire appliquer les indulgences, elle eut grand soin de la faire sceller devant elle, A PERPÉTUITÉ, pour cette fois-ci, croyait-elle et nous pareillement. On ferma les grilles de la chapelle, et sans entrer dans aucune explication imprudente ou superflue, ma tante me signifia que je n'y retournerais plus, de peur de *m'enrhumer*.

Il y avait dans le trésor et la sacristie de cette

grande abbaye, des vases sacrés et des reliquaires, des dyptiques et des manuscrits du moyen âge, ainsi que des joyaux gothiques et des paremens d'autel d'une richesse et d'une curiosité merveilleuses. En m'informant, ou pour mieux dire, en m'affligeant de ce qu'on les eût anéantis pendant la révolution, j'appris avec étonnement que les gens du pays s'étaient bien gardés d'en détruire la moindre chose. Ils s'étaient partagé toutes ces richesses après les avoir soustraites aux autorités révolutionnaires, ensuite ils en firent une pacotille qu'ils expédièrent aux colonies espagnoles et portugaises, où toute la cargaison s'est très-bien vendue. Dans aucune autre province de France, on ne se serait avisé d'une combinaison pareille; et presque partout ailleurs, on a tout brisé sans aucun profit pour les propriétaires ou les spoliateurs. Au reste, Messieurs les Anglais avaient fait absolument la même chose à l'époque de leur prétendue réformation religieuse; ils ne détruisirent, en fait d'images et d'objets de notre culte, que ce qu'ils ne pouvaient transporter en France, en Espagne, en Italie et dans tous les autres pays catholiques, où ils établirent des bazars de crucifix et de toutes sortes d'ornemens d'église. Ils avaient même eu la précaution de conserver et de nous apporter les *Dateries-bullaires* et les *Authentiques* de Rome, qui s'appliquaient aux reliques qu'ils nous vendirent dans le diocèse du Mans. (On ne leur permettait pas d'exposer en vente les calices ni les ostensoirs, non plus que les patènes et les saints-ciboires, à ce que j'ai vu dans mon vieux Corroset.) Les Normands sont toujours animés d'un esprit de calcul et d'un amour du profit, qui me les rend insupportables ! Les Normands sont aux autres Français ce que les Anglais sont au reste des Européens. On me dira tout ce qu'on voudra sur les bienfaits du négoce et le génie du commerce, c'est tout ce que j'éprouve de plus antipathique et tout ce que je connais de plus bas. J'aime cent fois mieux le pillage et la destruction par la violence et l'aveuglement, que le sacrilége et la conservation par un calcul de trafic et d'industrie mercantile. Aussi bien, disais-je toujours à ce bon M. Turgot que *Joseph vendu par ses Frères* avait été le premier exemple et le modèle de toutes les transactions commerciales.

Les huissières et leurs valets de porte, qui demeuraient en dehors de la clôture, avaient permis à un pauvre mendiant de se retirer toutes les nuits dans une espèce de casemate qui se trouvait sous la haute et large voûte par où l'on entrait dans la première cour de l'abbaye. C'était un malheureux homme qui n'avait ni bras ni jambes : une pauvre femme inconnue, jeune et presque jolie, disait-on, venait le chercher tous les matins sur une espèce de brouette, et puis on l'établissait sur le bord du grand chemin pour y solliciter la charité des passans. On leur donnait le pain, la soupe et du cidre de l'abbaye, mais le plus souvent ils ne les consommaient point.

Il avait été commis deux assassinats sur la même grande route ; le tribunal de l'Abbesse avait instrumenté sans rien découvrir, et la terreur en était répandue dans tout le pays. On proclama des monitoires, on fit des processions générales, on vint demander des prières publiques à l'abbaye : il n'est rien de tel que les paysans normands pour avoir peur des voleurs et pour ne vouloir jamais s'exposer à leur poursuite et à leur ressentiment—*y sont comme une légion d'Saatans! y sont anescouâdés; j'nôsrions point les asticoter; nos pon-miers sont en pleine terre et nos mésons coucheue d'hors!* voilà ce qu'ils *chantaient* pour répondre aux sommations du Sénéchal de Montivilliers, et l'on n'en trouva pas un qu'on pût décider à faire le guet ou la patrouille pendant la nuit. En attendant, ma tante reçut une lettre du Procureur-général de Normandie, qui la prévenait de se tenir en garde, et qui lui parlait de la découverte d'un projet de complot dirigé contre la caisse ou la sacristie du couvent. L'intendant de Rouen nous envoya une brigade de maréchaussée pour nous garantir des voleurs, ce qui fut bien malheureux pour Mademoiselle d'Houdetôt qui s'était éprise d'une tendre passion pour le brigadier, car on la renvoya chez ses parens, où elle reçut, nous dit-on, de fameux coups de crosse.

L'esprit contumacier, cauteleux, la finesse entortillée de ces paysans de Normandie ne me sont jamais sortis de l'esprit : avec leur accent traînant et sournois, on dirait toujours qu'ils dissimulent et qu'ils ergotent : il me semble encore les entendre parler de surgits, de cauquets, d'exploits signifiés et de *témoins-gnages*. Ils sont régis par d'étranges coutumes, à la vérité! Quand un paysan du voisinage a l'envie de vous escamoter une haie, par exemple, il arrive de nuit avec deux témoins, ce qui n'est pas difficile à trouver en Normandie; il y coupe un arbre, sur votre fossé; on l'enterre ou on l'emporte, afin qu'il n'y paraisse pas ; ensuite il vous attaque en justice, en disant que la haie n'est pas à vous, par la raison qu'elle est à lui. Ses témoins sont tous prêts à déposer qu'il y a fait ou fait faire une coupe de bois à telle époque, et si, par ignorance ou par négligence, vous ne l'avez pas fait poursuivre avant l'expiration de l'année pour le bois qu'il vous a volé, vous pouvez être assuré que vous perdez votre procès et que la haie lui reste en propriété. Comment voudriez-vous qu'avec de pareilles lois dans un pays si fertile et si plantureux, les malheureux paysans ne devinssent pas des fripons, ou tout au moins des chicaneurs ?

Je me souviens que dans une de mes promenades champêtres avec Mesdemoiselles d'Harcourt, je dis à une petite Normande de six à sept ans d'aller me chercher un mouchoir que j'avais oublié dans la cabane de son père, qui était un *nourrisseux* de bestiaux, et chez qui nous étions entrées pour boire du lait. Elle me répondit : — *Mam'zelle, vous seriez p'têtre ben en peineue de l'prouvée ?*—J'ai des témoins, lui dis-je, avec l'air triomphant, mais la petite Pimbêche sut bien nous faire entendre comme quoi le témoignage de Mesdemoiselles d'Harcourt ne me servirait peut-être pas en justice, attendu qu'elles n'avaient pas l'air d'être *filles majeures*.

Une autre fois, ma tante avait fait amener devant elle un vieux pâtre que tout le monde accusait de maléfices, et notamment d'avoir ensorcelé tous les moutons d'un vassal de l'abbaye. — Malheureux, lui dit ma tante, est-il possible que tu sois assez abandonné de Dieu, des Anges et des Saints, pour avoir envie de faire des sortiléges?—*Ma fine, Madameue, j'm'en aideue quand j'peue!* — Alors, répliqua l'Abbesse, je vois que si tu n'es pas véritablement sorcier, ce n'est pas faute de malenvie: ainsi je vais te faire condamner par mes justiciers à passer huit jours en prison, et si tu continues, je t'enverrai pardevant le parlement de Rouen, qui condamne au feu les maléficiers, et les fait brûler tout vifs, écoute bien ceci! — Vous n'aurez point cette peine-là, dit-il, *j'ai fini mon temps.* On apprit le lendemain matin qu'il s'était étranglé dans son cachot. Il fallut instruire ce procès criminel, et laisser pendant cinq jours et cinq nuits cet odieux cadavre dans les prisons de l'abbaye, ce qui nous faisait une horreur abominable! On n'évoqua pas son affaire au parlement, ce qui va sans dire, et en exécution de la sentence de la cour abbatiale, on le fit enlever sur une espèce de claie, faite avec des branchages dépouillés de leurs feuilles, couché sur le ventre et côte à côte avec un chien mort; ensuite on le fit traîner sur cette claie, par un âne (en ayant soin que les pieds de l'homme fussent attachés à la queue de la bête), jusqu'au gibet seigneurial de l'abbaye, où les valets du bourreau l'enfouirent sous la potence avec le corps du chien. Voilà comme on procédait alors contre les suicides, mais comme il y avait déjà quelques germes d'hostilité contre les autorités ecclésiastiques, les frondeurs et les esprits forts du Cotentin prétendirent que le sorcier de Montivilliers n'aurait pas dû être traîné sur la claie comme un suicide, et que c'était lui avoir fait injure et injustice, attendu, certainement, que c'était le diable qui lui avait tordu le col (1).

(1) Il paraît que, depuis la révolution, le suicide est considéré dans un certain monde comme un exploit honorable et mémorable ! Quelque temps après le retour du Baron de Breteuil à Paris, lequel arrivait d'émigration, j'eus la contrariété de me rencontrer chez lui avec cette ingrate et indigne Mme Campan, qui avait eu la témérité, pour ne pas dire l'insolence, de se présenter chez cet ancien Ministre du Roi Louis XVI. Je la retrouvai là telle qu'elle avait toujours été dans son poste de femme de chambre de la Reine, c'est-à-dire, effarée, bourgeoise affectée, comédienne ignoble et maladroite. Elle se mit à raconter sensiblement la glorieuse et généreuse fin d'une de ses sœurs, qui s'était jetée par sa fenêtre afin de ne pas être condamnée par les tribunaux révolutionnaires, et pour empêcher son bien d'être confisqué : ce qui aurait occasionné la ruine de ses chers enfans, disait l'autre, avec un air de suffisance et d'admiration qui me parut d'un ridicule intolérable. — Mme Campan, lui dis-je, votre sœur aurait dû laisser à sa famille l'exemple d'une autre conduite et d'une résignation plus chrétienne. Je trouve que son affection pour ses enfans ne s'est manifestée que par une sorte de prévoyance bien matérielle, et si ses filles avaient toute autre envie que celle de se tuer par amour pour l'argent, qu'est-ce qu'elle aurait à leur faire dire, et qu'est-ce que vous leur pourriez dire en son nom ? Si vous parlez d'une action pareille avec approbation devant vos pensionnaires, cela doit faire de petites filles joliment élevées !... Elle me regarda, me reconnut et n'osa pas me répliquer. *(Note de l'Auteur.)*

Sans vouloir établir et formuler une opinion sur la sévérité du jugement porté par l'auteur, on trouve effectivement dans les *Mémoires de Mme Campan*, qui n'ont été publiés qu'après la mort de Mme de Créquy, le même récit, avec les mêmes circonstances relatives à la mort de Mme Augué. On est obligé de convenir qu'elle y parle du suicide de sa sœur avec un ton de sensiblerie factice et d'admiration scandaleuse.

(Note de l'Éditeur.)

Un soir d'automne, après dix heures sonnées, ce mendiant, qui n'avait ni bras ni jambes et dont je vous ai parlé, n'était pas rentré dans sa casemate : on supposa que la femme qui prenait soin de lui avait négligé de le ramener à son gîte. Les huissières attendirent charitablement jusqu'à dix heures et demie, ce que voyant la Sœur-Cellerière, elle envoya demander les clés pour les porter, suivant l'usage, à la Mère Prieure, qui les déposait scrupuleusement sous son oreiller, et qui était une Demoiselle de Toustain (J'ouvre une parenthèse à propos de celle-ci, pour vous dire qu'elle avait fait émailler sur la boule dorée de son bâton Priorissal, la devise héraldique de sa famille : TOUS-TEINTS-DE-SANG, ce que ma tante avait trouvé déplacé sur un pareil insigne de profession religieuse et de fonction pastorale. — Ma chère fille, avait-elle dit à la Mère Prieure, un *cri-de-guerre* est toujours malséant pour une épouse de Jésus-Christ ! ce dont la Mère Prieure ne lui savait pas bon gré, et ce dont il résulta qu'elles n'étaient pas trop bien ensemble). Au lieu des clés de l'abbaye, qu'elle attendait, on rapporta d'étranges nouvelles à Mme de Toustain. Un riche et vigoureux fermier venait d'être attaqué sur la grande route ; il avait assommé de sa *marotte* un des assassins que les cavaliers de maréchaussée venaient d'amener avec son complice à la porte de la voûte ; ils demandaient qu'on leur ouvrît celles de la prison pour y déposer les deux coupables, et, finalement, on sollicitait pour le fermier la permission de passer le reste de la nuit dans la première cour d'enceinte, afin de ne pas l'exposer à retomber entre les mains d'autres voleurs. Mᵐᵉ la Prieure avait fait répondre qu'il était trop tard. On fut réveiller Mᵐᵉ l'Abbesse, qui fit ordonner d'ouvrir toutes les portes qui pourraient être désignées par le brigadier, en dehors des limites claustrales ; mais la vieille Bénédictine s'opiniâtra si fortement dans sa *règle*, et se retrancha si bien dans ses *constitutions*, que ma tante se vit obligée de se lever pour aller lui prendre les clés dont elle ne voulait pas se dessaisir. Comme une Abbesse de Montivilliers n'est pas rigoureusement astreinte à la clôture, ma tante, qui était parfaitement charitable et courageuse, crut devoir sortir jusque dans la première cour, et ce fut avec un cortége convenable à sa dignité, toutefois. Elle avait un porte-croix qui la précédait entre deux acolytes qui tenaient des cierges ; elle était suivie par une douzaine d'Assistantes, en voile abattu et les mains croisées sur la poitrine ; enfin toutes les sœurs converses du monastère étaient rangées autour de leurs Dames, avec leurs grandes chapes grises et portant de longues torches allumées, dans ces belles verrines gothiques qui représentent les armoiries des abbayes royales en vitraux de couleur, et qui servent pour les processions nocturnes autour du cloître. Je n'ai rien vu dans les nouveaux romans qui fût aussi *romantique* que cette scène nocturne, et qui fût aussi *pittoresque*, surtout.

Madame de Montivilliers fit d'abord ouvrir les portes de la prison, ce que toute autre personne n'aurait osé faire en dépit de la Prieure. Elle fit donner un asile et des cordiaux à ce brave métayer. Elle fit examiner, par son chirurgien, l'individu blessé qui était un homme habillé en femme, et l'on apprit alors du fermier que l'autre criminel était cet infernal mendiant qu'on abritait sous le porche de l'abbaye, et qui se trouvait là, devant nous, sur une civière, en attendant qu'on le jetât dans un cachot, comme il l'avait si bien mérité. C'était le torse d'un géant dont on aurait coupé les quatre membres, à la réserve d'une espèce de moignon qui ressemblait à un restant de bras. Sa tête me parut d'une grosseur démesurée. Il avait des plaies et des plaques de fange sur toute la peau ; il en avait dans sa crinière et dans sa barbe revêche. Les haillons dont il était couvert étaient profondément souillés d'une boue fétide et sanglante, et l'on voyait flamboyer au milieu de toutes ces Nonnes, de ces torches bénites et ces transparens féodaux, les yeux de ce meurtrier, les deux yeux verdâtres les plus sinistres et les plus scélérats qu'on ait jamais rêvés dans le cauchemar le plus affreux... Quand elle eut tout disposé pour la sûreté générale avec méthode et discernement, prudence et présence d'esprit, Madame de Montivilliers leva son voile, et tout le monde se mit à genoux pour recevoir sa bénédiction.

Comme je m'étais introduite en fraude avec les Assistantes de Madame, je fus mise en pénitence pour trois jours, c'est-à-dire exilée de l'Abbatial et dans une cellule éloignée, où l'on ne me donna pour toute compagnie qu'une Sœur-Econome qui était sourde comme un tapis, et qui parlait toujours sans discontinuer sur les différentes manières de conserver les œufs et de faire sécher les haricots. On n'a jamais imposé de pénitence aussi bien calculée pour la punition d'une petite fille impatiente et curieuse ! Je restai trois fois vingt-quatre heures sans apprendre aucune nouvelle de nos voleurs. Ma tante se divertissait beaucoup d'avoir imaginé cette punition-là.

On avait trouvé dans cette cave, où couchait l'estropié, plusieurs lames de grands couteaux ou de poignards, ainsi qu'un rouleau de 60 louis d'or, qu'il avait caché sous des fagots. On trouva parmi ses guenilles un reliquaire en filigrane, appartenant à Mademoiselle de Beuvron, un *Agnus-Dei*, deux hosties et des ciseaux d'or, avec une grande quantité de cheveux de toutes les nuances de couleur, ce qui fit supposer qu'il aurait eu des intelligences avec quelque personne à l'intérieur du couvent, où, depuis l'arrivée de ma tante, on avait mis toutes les religieuses, les novices et les pensionnaires, en *coupe réglée*. On n'a jamais découvert comment il avait fait pour se procurer de nos cheveux, que nos sœurs converses faisaient toujours vendre à la foire de Guibray, au profit de la confrérie du Saint Rosaire ; mais tout donne à penser qu'il voulait s'en servir pour nous faire quelques maléfices. On fit brûler sur-le-champ les deux hosties, dans la frayeur qu'elles ne fussent consacrées et pour les mettre à l'abri de toute profanation.

Il est résulté de ce long procès qu'à dix heures du soir, le 4 novembre 1712, cet homme, étant placé sous un arbre et sur le bord du grand chemin, avait demandé l'aumône, avec une voix piteuse et suppliante, à ce même fermier qui revenait de la foire de Caen, et qu'il lui avait demandé notamment de vouloir bien s'approcher *tout contre*, afin de pouvoir laisser tomber dans un chapeau que le mendiant avait à terre et devant lui, la petite pièce ou les petites pièces de monnaie qu'il pourrait lui destiner. On y voyait à peine, mais on découvrit après coup qu'au moyen de ce qui lui restait de son avant-bras, le mendiant avait fait manœuvrer une longue perche qu'il tenait le long de son corps, et qui aboutissait, par en haut, à une espèce de bascule ou d'assommoir en planches, qui était caché dans les branches de l'arbre et qu'il avait fait s'abattre et tomber rudement sur la tête du métayer. C'est alors que parut le jeune homme habillé en femme, qui commença par donner deux coups de couteau au cheval du fermier, mais à qui celui-ci paya si bien son compte qu'il était déjà mort avant d'arriver à l'abbaye. Le métayer était accouru à toute bride à Montivilliers pour y chercher la maréchaussée qui chargea les deux assassins sur la même brouette, et qui nous ramena cette belle capture au milieu de la nuit. Comme on publia des monitoires ecclésiastiques, les enfans du pays furent déposer qu'ils avaient eu connaissance de plusieurs turpitudes exécrables entre ces deux scélérats, dont il a paru que l'un devait être le père de l'autre, qui avait une figure de femme. Le parlement ne manqua pas d'évoquer son procès, qui se termina par la découverte de plusieurs vols accompagnés de meurtre, et qui finit par le supplice de la roue. On avait remarqué que cet homme avait un accent et des locutions particuliers aux Lorains; mais comme on ne put jamais s'assurer quel était son nom, ni le lieu de sa naissance, on le fit exécuter sur le théâtre de ses derniers crimes, c'est-à-dire à Montivilliers, où il mordit le bourreau auquel il emporta les deux premières phalanges d'un doigt qu'il broya de ses dents comme une hyène, et qu'il avala. On nous dit qu'il était si fortement charpenté que le bourreau avait eu de la peine à lui briser la poitrine. Il injuria jusqu'à son dernier moment ce même exécuteur qu'il avait mordu, en lui reprochant son inexpérience et sa maladresse, et disant que *ce n'était pas la première fois qu'il avait été roué vif*. Pendant ce temps-là, tout le monde était en prières à l'abbaye pour obtenir que le bon Dieu lui fît miséricorde. On n'en a jamais su davantage au sujet de ces deux criminels.

Nous fûmes agréablement distraites de toutes ces tristes impressions de crimes et de supplice, dont nos pauvres cœurs étaient flétris, par l'arrivée de Mademoiselle des Houlières, à qui ma tante avait offert un asile, et fait ajuster un appartement commode à l'abbaye (1).

— Ma toute aimable, lui dit Mme l'Abbesse en l'embrassant.

> « J'ai fait, pour vous rendre
> » Le destin plus doux,
> » Ce qu'on peut attendre
> » D'une amitié tendre..... »

Ce qui parut une heureuse application de cette char-

---

(1) Antoinette de Lafon de Boisguérin des Houlières. Elle est qualifiée, dans un de ses brevets de pension dont j'ai conservé le titre original : « Fille de Messire Guillaume de Lafon de Bois-

mante idylle où feue Mme des Houlières avait imploré pour ses enfans et ses agneaux la protection du Roi Louis-le-Grand. Je me souviens qu'elle était restée sous le coup d'un attendrissement et d'une admiration sans bornes pour Madame de Montespan, qu'elle avait vue mourir naguère avec les sentimens du repentir et de la dévotion la plus édifiante (1). J'ignorais absolument que Mme de Montespan, notre parente, eût aucun scandale à réparer; mais, comme il résultait de la conversation de Mlle des Houlières avec ma tante que notre cousine était la mère d'un fils du Roi qui s'appelait M. le Duc du Maine, j'avais de la peine à m'expliquer pareille chose. Je sentais bien qu'il ne fallait demander

» guérin, Écuyer, Seigneur des Houlières et du Valclos, Lieu-
» tenant du Roi ès ville et citadelle de Dourlens, et de Noble
» Dame Antoinette du Lyger de Lagarde, son épouse. »

Mlle des Houlières avait remporté le grand prix de poésie à l'Académie française, en l'année 1687, et n'est morte qu'en 1748. Sa pension fut supprimée après la mort du Roi Louis XIV, et l'on ne put jamais obtenir pour elle aucun bienfait de M. le Régent, qui ne s'embarrassait guère des honnêtes filles. Elle a conservé jusqu'à sa mort une rente de 400 livres sur la manse abbatiale de Montivilliers, comme aussi deux autres pensions de 500 livres chacune, que lui faisaient M. l'Evêque du Mans et Mme la Marquise de Froulay, notre grand'mère. *(Note de l'Aut.)*

(1) Françoise-Athénaïs de Rochechouart-Mortemart, Surintendante de la maison de la Reine, laquelle avait épousé, en 1665, Louis-Henry de Pardaillan de Goudrin de Saint-Lary de Bellegarde d'Antin de Nogaret de la Valette de Foix d'Astarac et d'Épernon, Marquis de Montespan, etc., et laquelle était morte, aux eaux de Bourbon, en 1709, âgée de 66 ans.

(Note de l'Auteur.)

aucun éclaircissement à ce sujet ; car on avait l'air de passer là-dessus comme sur des charbons ardens, et toute mon inquiétude était de ne pouvoir jamais découvrir le mot de cette énigme.

A propos de Mlle des Houlières, je vous dirai que cette illustre et vertueuse personne était le modèle achevé de la véritable et parfaite civilité gentilhomière. Elle était prévenante avec discrétion, naturelle avec réserve, respectueuse avec dignité, familière avec une mesure exacte. On entrevoyait qu'elle avait dû souffrir de la mauvaise fortune ; mais ce qui vous apparaissait visiblement à son air de sécurité douce et fière, c'est qu'elle ne s'était jamais trouvée dans aucun rapport d'assistance ou de protection qu'avec les gens les plus nobles et les plus délicats. Cette réunion de simplicité courageuse et de résignation modeste ne se retrouve plus dans les caractères. Les nobles qui deviennent pauvres, aujourd'hui, sont en révolte contre leur pauvreté et dans un état d'irritation haineuse contre les grands seigneurs ; ce qui fait, par un mouvement équitable et d'instinct naturel, que les riches sont dans un état permanent de contrainte, de défiance et de répulsion contre les pauvres, à moins qu'ils ne soient des mendians résignés à leur malheureux sort. C'est en effet de l'orgueil philosophique et de l'irréligion qui nous submergent et finiront par nous abimer dans un océan d'amertume. On nous dit à cela : — Tant pis pour les pauvres ! — Hélas ! tant pis pour les riches, et surtout pour les plus riches et les plus nobles, ainsi qu'il est aisé de le prévoir ! A tout prendre, c'est aussi la faute des grands seigneurs qui protégent le philosophisme, qui s'isolent du reste de la noblesse, et qui se contractent dans leurs intérêts personnels. On n'aurait jamais pu trouver jadis un pauvre gentilhomme ou une seule fille de condition, que les princes et la haute noblesse eussent eu la barbarie, l'impolitique ou la négligence d'abandonner à l'humiliation, aux souffrances et aux tentations de la pauvreté.

Mlle des Houlières arrivait de votre province où elle était allée passer quelque temps auprès de la malheureuse châtelaine de Canaples (1), et comme elle avait été témoin de toutes les extravagances de votre pauvre oncle, elle avait peine à s'en taire devant nous. (On était loin de savoir alors que j'épouserais un Seigneur de la maison de Créquy.)

Imaginez qu'au château de Canaples il était interdit de servir à manger aux heures habituelles des repas, de sorte qu'on allait déjeûner, goûter ou collationner, comme on voulait, pourvu qu'on n'appelât pas cela dîner ou souper, dans une espèce de réfectoire où le buffet se trouvait garni, tant bien que mal, avec des pâtés de loutre qu'on fabriquait à Wrolland, et des jambons d'ours que M. de Canaples faisait venir de ses plantations du Canada. Il ne pouvait endurer les tourne-broches, qu'il appelait une invention des bourgeois et des financiers. Le

---

(1) Julie de Commerfort, femme d'Adrien-Hugues de Créquy, Comte de Canaples et Vidame de Tournay. Il était veuf en premières noces de Charlotte de Rohan-Guémenée, sœur du Cardinal Armand-Jules et de la Comtesse de Brionne dont il est souvent parlé dans la suite de ces Mémoires. *(Note de l'Éditeur.)*

rôti se fabriquait chez lui comme au XIIIe siècle, au moyen d'une roue tournante et à claire-voie, dans laquelle on enfermait un gros chien qui s'y démenait comme un diable, et qui finissait toujours par en enrager. Vous n'avez pas d'idée de la consommation de caniches et de mâtins qu'on faisait dans cette cuisine. La Comtesse était obligée de se faire servir par un heiduque ou par des laquais, ce qui fait qu'elle s'habillait et se déshabillait toute seule. Il avait chassé toutes ses femmes, en disant que c'étaient les femmes de chambre qui donnaient des puces aux chiens. Mlle des Houlières ne tarissait pas sur toutes les folies de ce pauvre Comte.

C'était pendant son séjour à Canaples que la bête du Gévaudan, qu'on suivait à la trace du sang depuis son passage à Marjevols, et qu'on poursuivait inutilement depuis quatre mois, vint s'établir et se terrer dans le vieux cimetière du Freschin, où elle faisait des dévastations les plus dégoûtantes (M. de Buffon avait arrangé, long-temps après, que ce devait être une hyène d'Afrique, échappée d'une ménagerie ambulante qui se trouvait pour lors à Montpellier; mais, d'après la description que nous en fit Mlle des Houlières, qui l'avait vue, je suis persuadée que ce devait être un loup-cervier). Cette horrible bête avait dévoré les deux enfans du capitaine des chasses de votre oncle, lorsque celui-ci prit la détermination d'aller se poster à l'affût dans le cimetière du Freschin, où cette bête immonde allait se réfugier toutes les nuits, en s'élançant par-dessus les murailles. Il est assez connu que ce fut le même Comte de Canaples qui la tua d'un coup d'espingole.

M. de Canaples aurait bien voulu que Mlle des Houlières, qui était la dixième Muse de son temps, lui fît quelque pastorale sur ce sujet-là, — et je voudrais aussi, disait-il, que ce fût sur l'air .

« Mon aimable boscagère,
« Que fais-tu dans ces vallons ? »

C'est alors que Mlle des Houlières se mit à l'œuvre pour lui composer cette fameuse chanson qui consiste en deux vers de huit syllabes. — Quand on les a répétés jusqu'au bout de la mesure, nous disait-elle avec enjouement, on n'est pas moins satisfaite et moins avancée que si la strophe avait été complètement et régulièrement finie ; écoutez plutôt, mes Révérendes Mères :

« Elle a tant mangé de monde,
« La bête du Gévaudan !
« Elle a tant mangé de monde,
« La bête du Gévaudan !
« Elle a tant mangé de monde (1) !.....

---

(1) Ne confondez pas cette bête avec un autre monstre affamé qui parut long-temps après, et à qui on donna le même nom de *bête du Gévaudan*, quoiqu'il arrivât des montagnes de Navarre. La même chanson recommença son tour de France, et M. Grimm écrivit à ses illustres correspondans que l'auteur de cette complainte était M. Mettra, le fameux nouvelliste de la Petite-Provence. Vous pouvez juger par ceci des renseignemens qu'il prenait et du mérite des observations qu'il adressait à ses cours du Nord.   (*Note de l'Auteur.*)

Ce qu'elle recommençait je ne sais combien de fois, tout en poursuivant son air de l'*Aimable boscagère*, jusqu'à la chute et la fin de sa période musicale. (Vous vous rappellerez peut-être, en lisant ceci, que Mlle Dupont, votre berceuse, vous chantait précisément la même complainte, et qu'elle en usait toujours de la sorte, en guise de somnifère et pour le service de votre clinique.) Apprenez donc, mon Enfant, que cette chanson populaire est la sœur des *Nymphes de Thrace* et l'œuvre d'une Fille de Mémoire !

Mademoiselle des Houlières avait la bonne grâce et la sincérité de nous faire observer que ces deux méchans vers de complainte avaient obtenu beaucoup plus de faveur publique et de succès que non pas ses autres poésies les plus ingénieuses et les plus soigneusement élaborées.

CHAPITRE II.

Suite de l'éducation de l'auteur.—Madame l'Intendante.—Une mystification.—Ses suites funestes.—Une Princesse du sang. — Un pélerinage — Le mont Saint-Michel. — Les dames bretonnes.

Il arriva non loin de Montivilliers, à la même époque, un événement que je ne crois pas inutile à vous rapporter, ne fût-ce que pour vous prémunir contre certains passe-temps auxquels on se livre quelquefois à la campagne, entre personnes de mauvais goût. Je veux parler de ces espèces de divertissemens qui consistent à se *jouer des tours*, et se *faire des farces*.

Un jeune conseiller au parlement de Normandie, appelé M. de Martainville (et nouvellement marié), avait réuni dans son château une vingtaine de personnes qui devaient y passer les vacances, et dans le nombre il y avait plusieurs officiers des garnisons voisines (1).

On y perçait les murailles et les plafonds pour y faire jouer des ficelles qu'on avait attachées à vos ri-

---

(1) David-Etienne le Veneur de Martainville, Chevalier, Seigneur et Patron dudit lieu, Baron de Francheville, Conseiller du Roi en sa Cour de Parlement de Normandie, etc.; mort en 1777, étant veuf d'Angélique-Émiliane Turgot, Dame du Quesnoy, de Malipierre, de Reuville, d'Orville et autres lieux.
(*Note de l'Auteur.*)

deaux et vos couvertures : on y creusait des trous cachés sous l'herbe, afin d'y faire tomber les cavaliers pêle-mêle avec leurs montures, ce qui devait être fort agréable pour les cavaliers ! On y mettait du sel dans votre café, du piment dans votre tabac, du jus de coloquinte aux bords de votre gobelet, de la poix de Bourgogne à vos chemises, et du crin haché dans vos draps de lit. Vous imaginez bien qu'il y avait des grenouilles et des écrevisses dans tous les lits du château ? C'est une idée fondamentale en fait de mystification provinciale, et c'est toujours, m'a-t-on dit, la première idée qui vient à l'esprit de ces charmans espiègles de campagne. Toujours est-il qu'on ne pouvait aller visiter les jeunes mariés sans se trouver assailli par cette joie grosse d'attrapes et de brutalités impertinentes, ce qui faisait de leur château comme une sorte d'écueil et de recif malencontreux pour toute la noblesse du voisinage.

Le Martainville et sa conseillère attendaient chez eux la veuve de l'Intendant d'Alençon, qui s'appelait Mme Hérault de Séchelles, qui s'en allait tout doucement aux eaux de Baréges, en voyageant à très-petites journées, et qu'ils avaient suppliée de venir se reposer pendant quelques jours à Martainville. Il est bon de vous dire qu'elle était en convalescence d'une fluxion de poitrine, qu'elle avait soixante mille livres de rente, et que les Martainville étaient ses principaux héritiers. C'était du reste une vieille femme de robe, infiniment douillette, exigeante et susceptible à l'excès. C'était une de ces véritables *intendantes* qui sont adulées par la société d'une ville de province, et qui ne prennent jamais la peine de relever leurs cartes au *Reversis ;* d'où vient que le Cardinal de Fleury disait toujours au jeune Roi qui jouait sans y penser : — *Madame l'intendante, c'est à vous à relever les cartes* (1)....

— Ah çà, disaient les Martainville à toute cette volée de corneilles et d'étourneaux, n'allez pas faire des folies pendant la relâche et la station de notre tante de Séchelles ! Soyez bien sages et bien sérieux, Messieurs et Mesdames ! et n'oubliez pas que c'est une parente à succession !

On avait fait déménager je ne sais quelle Présidente, afin d'ajuster le plus bel appartement pour cette illustre valétudinaire. On avait placé dans la chambre qu'on lui destinait tous les petits meubles les plus commodes, ainsi que les chinoiseries les plus charmantes et les plus jolies porcelaines de Saxe de la maison. On avait soin de lui maintenir continuellement, bien cuite à point et bien chaude au bain-marie, une poularde au gros sel, avec des pigeons bouillis à l'orge mondée et des cailles aux laitues ; sans compter les œufs frais dans de l'eau froide, et du vin d'Alicante dans de l'eau tiède ; enfin la cuisine et la livrée des Martainville étaient restées sous les armes pendant plus de huit jours ; et Madame l'Intendante n'arrivait pas !.... On com-

---

(1) Anne Turgot, Dame de la Chesnaye, veuve de César-Auguste Hérault, Chevalier, Seigneur de Séchelles et du vicomté de Saint-Marc, Conseiller du Roi Louis XIV en son Conseil d'Etat, et son Intendant de justice, police et finances en la généralité d'Alençon. Le fameux révolutionnaire Hérault de Séchelles était l'arrière-neveu de ce magistrat. *(Note de l'Aut.)*

mençait à s'en inquiéter dans la famille, et le reste de la compagnie s'en impatientait. Il est à savoir aussi que le maître du château n'avait jamais vu cette tante de sa femme, et que celle-ci n'avait pas revu sa vieille parente depuis l'âge de cinq à six ans, ce qui fit naître l'envie d'organiser *une attrape.*

Il se trouvait dans la troupe facétieuse un petit M. de Clermont d'Amboise, lequel aurait bien voulu m'épouser quelques années après, soit dit en passant, mais la reconnaissance que je lui dois ne saurait m'empêcher de vous dire que c'était un vilain petit chafouin jaune (1). On imagina de le déguiser en vieille dame ; un autre jeune officier devait s'habiller en femme de chambre, et sur toute chose, on avait eu grand soin de dissimuler les préparatifs de ces déguisemens, qui ne devaient être connus que de trois à quatre personnes, mais qui furent divulgués par une femme de chambre à un godelureau de la société. On organisa ruse contre ruse, et l'on s'arrangea pour mystifier les mystificateurs ; ainsi, tandis qu'on était aux aguets pour les accueillir en les houspillant et les bousculant de la plus belle manière, arriva la véritable Intendante, sur laquelle on se précipita comme une avalanche, à laquelle on arracha sa mantille à falbalas, son collet monté, sa cornette avec sa perruque, enfin qu'on maltraita si cruellement, que la chose en fait horreur à penser ! La mal-

---

(1) Jean-Baptiste-Louis de Clermont d'Amboise, Marquis de Resnel et de Montglas, Comte de Chéverny, etc. Il épousa, en 1722, Henriette de Fitz-James, fille aînée du Maréchal-Duc de Berwick, et Dame du Palais de la Reine. (*Note de l'Auteur.*)

heureuse en était si mortellement saisie, qu'elle ne pouvait crier ni proférer une seule parole ; mais dans ce qu'elle entendit, il y eut des révélations perfides...
— *Vilaine autruche ! — Ennuyeuse Intendante ! — Vieille tante à succession !... — Ah ! tu veux aller aux eaux pour faire languir tes héritiers ! — En voilà des eaux minérales ! en voilà des douches !..* Et c'étaient des taloches et des seaux d'eau de puits qui lui tombaient sur le corps au milieu d'un vacarme affreux. Après un quart d'heure de pareils sévices et des plus mauvais traitemens (elle était tombée sous les coups, et restait gisante sur le pavé du vestibule), on s'aperçut qu'elle ne donnait aucun signe de vie; on approcha des lumières, on ne reconnut point le petit de Clermont, et ce qui résulta de l'investigation, c'est que la pauvre femme était presque morte...

Chacun s'enfuit du château, à la réserve de ses parens qui s'arrachaient les cheveux, et qu'elle ne pouvait envisager sans éprouver un sentiment de terreur et d'horreur profondes ! Elle en mourut le troisième jour, et comme elle n'avait jamais fait aucunes dispositions testamentaires, il se trouva que son héritage était naturellement ouvert au profit des Martainville, ce qui les compromit dans l'opinion publique et pardevant leurs confrères du parlement, au point qu'on informa judiciairement sur cette abominable méprise, et que M. de Martainville se vit obligé de se défaire de sa charge. Comme il était rempli d'honneur, et que sa femme était la délicatesse même, ils ne voulurent toucher absolument rien de la succession de Mme de Séchelles, qu'ils abandonnèrent à leurs collatéraux. Ils vendirent quelque temps après leur beau manoir de Martainville, et même ils en quittèrent le nom pour celui de leur Baronnie de Francheville, que leur famille porte encore aujourd'hui. Mme de Maintenon a dit que le *bon goût* suppose toujours un *grand sens;* et c'est la moralité de cette anecdote.

Ma tante reçut à peu près à la même époque une visite, honorable si l'on veut, mais dont elle se serait bien passée, vu le caractère épineux et la maussaderie coutumière de Madame la Princesse de Conty (1). On avait envoyé son Altesse Sérénissime aux bains de mer, parce qu'elle avait été mordue par un de ses chats qui fut suspecté d'hydrophobie. En s'en retournant à Versailles, elle vint passer les fêtes de la Pentecôte à Montivilliers, et je me souviens qu'elle m'y baisa sur le front en me disant : — *Bonjour, Cousine;* avec le même air et du même ton qu'un autre aurait dit : — *Le diable t'emporte!* Je me rappelle aussi que pendant la grand'messe, elle y fit une scène à l'officiant qui venait lui présenter la patène à baiser. — *Allons donc!* lui cria-t-elle avec une voix rude et en repoussant le vase sacré que le prêtre tenait à la main : — *Allons donc! Comme vous!.... Comme vous!* poursuivit-elle aigrement; ce dont notre malheureux chapelain resta tout abasourdi. L'Abbesse, qui siégeait en grande cérémonie

---

(1) Marie-Thérèse-Agnès de Bourbon-Condé, morte en 1752, étant veuve de François-Louis de Bourbon, Prince de Conty et de la Roche-sur-Yon, Duc de Mercœur, Comte de la Marche et Prince du sang royal de France, lequel était mort en 1709.

(*Note de l'Auteur.*)

sur son estrade, en souffrait tout aussi visiblement que ce pauvre prêtre, et comme la scène se passait au guichet de la communion, qui séparait le sanctuaire du chœur des religieuses, ce qui fait que la princesse était de notre côté de la grille, et l'officiant en dehors, ma tante me fit signe de venir m'agenouiller à ses pieds, et par suite de l'explication qu'elle m'y donna, le plus brièvement possible, je m'en fus dire au prêtre au travers de la grille, et en latin, ce qui m'avait été prescrit par ma tante, c'est-à-dire que les Princes et Princesses du sang royal de Saint-Louis ont le privilége de baiser la patène *en dedans*, comme les ecclésiastiques et non pas *à l'envers*, ainsi que le commun des fidèles. Notre pauvre Aumônier était demeuré tellement stupéfait de cette algarade qui lui survenait en habits sacerdotaux au milieu du saint sacrifice de la messe, qu'il ne pouvait comprendre ce que je venais de lui dire, ce qui m'obligea de le répéter en français. Alors il retourna sa patène, et quand elle eut été baisée brusquement par la vieille Princesse, elle se mit à crier en se retournant de mon côté : — *Merci, ma petite chatte!* Si vous pouvez tirer quelque moralité de cette anecdote-ci, je ne demande pas mieux.

Ce serait peut-être ici l'occasion de vous parler d'une prérogative des Rois très-chrétiens, lorsqu'ils reçoivent la Sainte-Eucharistie. Le Roi choisit et désigne l'hostie qu'il doit consommer, ce qu'il fait en la touchant du bout du doigt, sur une large patène où le célébrant lui présente autant d'hosties consacrées, qu'il y a eu de Rois de France depuis Clovis. Un autre usage immémorial est aussi de ne rien faire brûler dans l'encensoir avec lequel on rend hommage au Roi de France, qu'on n'encense jamais qu'avec du feu, sans parfums ; mais on en met incontinent après pour l'hommage de l'encens qu'on rend à la Reine. Il paraît que la première de ces deux coutumes remonte au règne de Louis-le-Débonnaire, qu'on supposait devoir être empoisonné par une hostie ; et quant à l'autre coutume, on la rapporte assez généralement à l'aversion du Roi Philippe-le-Bel pour l'odeur et la fumée de l'encens, qui le faisaient tomber en défaillance.

Ecoutez notre pélerinage au Mont Saint-Michel.

L'Abbesse de Montivilliers avait une obligation conventuelle à remplir, en exécution d'un vœu qui datait d'une de ses devancières, Agnès de Normandie, tante de Guillaume-le-Conquérant, laquelle obligation consistait à visiter *une fois* l'église du Mont-Saint-Michel *in periculo maris*. Cette abbaye du Mont-Saint-Michel est du même ordre et de la même congrégation que celle de Montivilliers. Les deux monastères avaient été richement dotés par les ancêtres de cette Princesse Agnès, et notamment par le Duc de Normandie, Guillaume *Longue-Épée*. Ces deux églises royales avaient eu longtemps pour Vidames et pour Avoués-porte-glaive héréditaires, les Sirés de Mâlemains, Grands Maréchaux de cette province ; de plus, l'Abbé du Mont-Saint-Michel et l'Abbesse de Montivilliers sont restés Proto-Custodes de l'ordre de Saint-Michel, dont ils possèdent encore aujourd'hui les mêmes colliers que leurs prédécesseurs avaient reçus du Roi Louis XI ; enfin, l'Abbé du Mont-Saint-Michel est conseiller-né de l'abbaye de Montivilliers, qui porte les armoiries de cette communauté masculine, accolées avec les siennes en signe d'alliance, ce qui donnait matière à d'innocentes et d'éternelles plaisanteries, et ce dont il résultait une sorte d'union fraternelle entre les deux abbayes, qui s'appelaient réciproquement *insigne et vénérable Sœur*.

On fit rafistoler un vieux coche avec lequel la défunte Abbesse, Madame de Gonzague, avait fait le même pèlerinage, qui dura long-temps, parce qu'elle profita de l'occasion pour aller voir à Paris sa tante la Palatine (1), et pour aller faire une visite à son autre tante la Reine douairière de Pologne qui se tenait à Cracovie (2). Elle avait imaginé que son voyage de Pologne ne serait qu'une promenade de douze à quinze jours; mais comme elle ne voulait aller coucher que d'abbayes de bénédictines en abbayes de bénédictines, à partir de son ancien couvent de **Notre-Dame de Montmartre**, elle en eut

---

(1) Anne de Gonzague de Mantoue de Montferrat de Clèves et de Nevers, femme d'Edouard de Bavière, Prince palatin du Rhin, morte en 1684. Elle est assez renommée pour son esprit, par ses intrigues du temps de la Fronde, et surtout par la beauté de son oraison funèbre. *(Note de l'Auteur.)*

(2) Louise-Marie de Gonzague, fille de Charles de Gonzague, duc de Nevers et puis duc de Mantoue. Elle avait épousé, en 1645, Ladislas Jagellon, Roi de Pologne, et se remaria, en 1649, avec le Roi Jean-Casimir Jagellon, frère de son premier mari. Elle était sœur de la Princesse Palatine, et mourut en 1667.
(Note de l'Éditeur.)

pour quatre mois de route, avec autant pour le retour ; et ce qu'il y eut de charmant, c'est qu'elle ne voulut jamais rester plus de quarante-huit heures auprès de sa tante, en disant qu'elle avait absolument affaire à Montivilliers.

Toutes ces princesses de la maison de Nevers étaient d'étranges créatures !

Elle avait dit ensuite à ses Nonnes de Montivilliers qu'ayant été s'héberger dans un couvent des états d'Autriche, elle y trouva deux gaillardes de Princesses-Abbesses qui la menèrent à la comédie, ce qui ne fait pas la moindre difficulté dans ce pays-là. Il arriva que les deux religieuses normandes qui lui servaient d'acolytes, et qui n'avaient jamais rien vu de plus éclatant qu'un maître-autel au salut de la Fête-Dieu, furent tellement éblouies d'édification céleste, en apercevant la majesté de l'Opéra, qu'elles se mirent à genoux en entrant dans la loge. Une de ces bonnes vieilles Dames était encore vivante pendant mon séjour à Montivilliers. Je me souviens qu'elle était de la maison de Mathan, laquelle est une des plus anciennes et des notables familles de la duché de Normandie. Tout ce qui l'avait le plus frappée dans son voyage, c'est qu'elle avait vu, sur l'enseigne d'une hôtellerie, des armes qui ressemblaient aux siennes. Elle avait fini par s'y résigner, mais elle avait eu bien de la peine à mettre au pied du crucifix cette mortification-là.

Touchant l'interdiction des spectacles et des comédiens de Paris, si l'on en croyait les **criailleries** de Voltaire et les déclamations de M. Diderot **ore** *rotundo* (1), on croirait vraiment qu'ils sont excommuniés *fulminentur ex cathedrâ,* et que l'église de Paris les jette en pâture aux feux sataniques, avec des anathèmes et des éclats d'animadversion furibonde. Je suis étonnée qu'une erreur pareille ait pu s'accréditer parmi les gens du monde, et surtout parmi des gens d'église. Ce n'est pas seulement l'église de Paris qui sévit contre les comédiens, c'est le parlement de Paris qui les réprouve et les excommunie ! Ce parlement qui juge en pays de *droit écrit,* c'est-à-dire en nous appliquant les lois de l'ancienne Rome, a toujours traité les comédiens de sa juridiction d'après la loi romaine en vertu de laquelle les *histrions* sont tenus pour *infâmes.* Les cours souveraines du ressort et du diocèse de Paris ne reçoivent jamais le témoignage des comédiens, attendu que leur serment serait invalide; ils ne sont pas habiles à devenir tuteurs, on ne leur accorde pas la faculté de recevoir un legs, on ne les admet pas à pouvoir tester, etc. Que voudrait-on qu'eussent fait les anciens Évêques de Paris, à côté d'une jurisprudence aussi dégradante, aussi périlleuse à la moralité des individus qui viennent en affronter de propos délibéré, de gaieté de cœur et gaillardement, les conséquences et la pénalité flétrissante ? Les anciens Évêques ont interdit à ces malheureux Parias du droit romain l'usage des sacremens de l'église ro-

---

(1) Fréron disait un jour de Diderot que c'était *un chien de plomb qui avait une mâchoire de pierre de taille*

(*Note de l'Auteur.*)

maine, et ceci par charité pour eux, dans un temps où la privation des sacremens pouvait imposer un frein puissant et salutaire; mais la chose a toujours eu lieu sans aucune autre marque de réprobation que celle de la censure pastorale, et sans aucune fulmination d'anathême. La preuve en est qu'on leur administre l'absolution pénitencielle avec la communion, tout aussitôt qu'ils veulent rentrer dans la loi civile qui régit la totalité des autres justiciables du parlement de Paris. Les philosophes, amis et alliés naturels des comédiens, devraient bien nous dire pourquoi c'est toujours à M. l'Archevêque, et jamais au parlement de Paris, qu'ils s'en prennent? Ils répondent à cela que l'église de Paris devrait changer sa coutume. Mais le premier devoir de l'église est d'éviter le scandale en ayant l'air d'encourager la corruption. Les comédiens sont devenus ou sont restés une sorte de gens la plus abjecte et la plus méprisable du monde. Que les demoiselles de la comédie commencent par réformer leurs habitudes vicieuses; que les hommes de théâtre ne soient plus adonnés à la crapule, et puis qu'ils s'en aillent présenter une requête au Roi, séant en son conseil. C'est la marche que les encyclopédistes auraient dû leur indiquer, et c'est la seule marche qu'il y ait à suivre.

Jusqu'à la réformation des mœurs parmi les comédiens, je ne pense pas que les Archevêques de Paris doivent les traiter différemment qu'ils ne l'ont fait jusqu'ici.

Don Luc d'Achéry rapporte qu'au XIe siècle les moines de Ferrières, au diocèse de Sens, ne savaient comment s'y prendre pour arriver jusque dans une ville de Flandre appelée Tournay? Les moines de Saint-Martin de Tournay, qui étaient des plus doctes, savaient très-bien qu'il existait une abbaye de leur ordre, appelée Ferrières, mais ils ne savaient non plus où la trouver? Une affaire qui leur était commune les obligea de se rechercher pour communiquer ensemble : les deux abbayes se mirent en quête l'une de l'autre, et ce fut après deux années de recherches et d'informations que les moines de Ferrières finirent par découvrir le moyen de s'orienter de manière à parvenir jusqu'au domicile de leurs confrères de Tournay. La présente citation vous arrive à propos d'un Magnat de Hongrie qui s'appelait le Comte-Suprême d'Esterhazy, et dont nous rencontrâmes la femme à l'abbaye de Saint-Étienne de Caen. Elle arrivait d'Angleterre où son mari l'avait déposée pour y prendre les eaux minérales de Bath, tandis qu'il était allé poursuivre le cours de ses voyages. Elle nous dit, en fort bons termes, du reste, que son mari, qui parlait très-bien plusieurs langues, ne savait écrire ni en hongrois, ni en allemand, ni en français, ni dans aucune autre langue qu'en latin, ce qui l'embarrassait assez pour le moment (la Comtesse-Suprême), attendu qu'elle venait de recevoir une lettre dans laquelle son mari lui mandait d'aller le rejoindre à Lugdunum, où il resterait à l'attendre jusqu'à la fin de l'été. Ma tante osa lui faire espérer qu'en s'adressant à M. le Gouverneur ou M. l'Intendant de Lyon, elle était bien sûre de s'y procurer l'adresse et d'y trouver la résidence de M le Comte-Suprême ; mais la Hongroise, qu'elle était, se mit à nous énumérer tous les *Ludgunum* de la Carte de *Peuttingher* et de l'Itinéraire d'Antonin : c'était Leyde (*Ludgunum Batavorum*), Lansber, Lens, Langres, Laon, Lans-le-Bourg et jusqu'à Lons-le-Saulnier, sans préjudice du *Lugdunum Rhodanusium, prima sedes Galliæ*, dont lui parlait ma tante ; de sorte qu'elle y renonçait, et qu'elle allait s'en retourner *tout droit* en Hongrie. Je n'ai pas dit *toute seule*, par la raison que le Marquis d'Hautefeuille *corculum erat prædictæ Comitissæ*, et que c'était lui qui la déroutait en lui signalant avec tant d'érudition tous les *Lugdunum* dont les anciennes Gaules étaient parsemées. Il en avait découvert de trente à quarante, et c'était le cas d'appliquer à la géographie ce que le père Cotton disait à du Plessis-Mornay sur la Théologie : « qui n'est point science « bonne à toute sorte de gents, pour ce que les sots « s'en embestent et les méchants s'en empirent (1) ».

―――――

(1) Je n'ai jamais pu concevoir ce que ce pouvait être que des Comtes-Suprêmes qui sont vassaux d'un Roi de Hongrie, et qui sont arrière-vassaux de l'Empereur, qui n'est lui-même qu'un monarque électif ? Il n'est pas à supposer que ce soit à raison d'une grande illustration d'origine, car on sait que la maison d'Esterhasy n'est pas originairement illustre.

Une autre qualification germanique qui m'a paru singulière, est celle de l'aîné des Rhyngraves. Son appellation d'Altgrave a peut-être quelque chose d'imposant au delà du pont de Kelh ; mais la traduction ne lui profite pas. J'ai rencontré dans mon voyage en Italie ce *Vieux-Comte* de Salm avec sa *Vieille-Comtesse*, qui n'étaient pourtant pas trop âgés l'un portant l'autre, car ils n'avaient que trente-sept ans à partager entre eux deux.

Tous les souverains germaniques et toutes les chancelleries ai

En arrivant sur les terres de la Baronie de Genest, qui appartiennent aux moines de Saint-Michel, nous y trouvâmes un envoyé de ces révérends pères qui attendait leur *insigne et vénérable sœur* de Montivilliers, à laquelle il ne manqua pas d'indiquer certaines choses indispensables pour la régularité de son pèlerinage. A partir de là, Madame l'Abbesse et ses deux assistantes devaient garder le silence le plus absolu (ce qui ne m'en plaisait pas mieux) ; lorsque nous fûmes arrivées sur le bord de la Grève, ma tante descendit de son grand coché pour faire à pied le reste du trajet. C'était, à ce qu'il me semble, au delà d'une petite ville appelée Pontorson, et c'était à l'endroit de la côte qui se trouve le plus rapproché du Mont-Saint-Michel. Si l'on descendait sur la grève au-dessous d'Avranches, aussitôt qu'on aperçoit le Mont, la traversée serait de beaucoup plus longue ; cette route est souvent impraticable à cause des fondrières et des sables mouvans ; et, du reste, elle est toujours très-dangereuse.

Il me semble que nous marchâmes environ pendant une heure sur une plage sablonneuse et ferme, toute parsemée de coquillages, ayant à droite les côtes vertes et boisées de la basse Normandie, à notre gauche, l'Océan breton qui n'était pas moins paisible et moins bleu que le ciel ; et, en face de nous, un

---

lemandes font encore une étrange bévue lorsqu'ils emploient en français le mot *actuel* au lieu d'*actif*. On s'est moqué, pendant tout un hiver, à Paris, des cartes de visite de M. *le Comte de Beus, Chambellan actuel du feu Roi de Pologne, Electeur de Saxe.*

(*Note de l'Auteur*).

immense rocher pyramidal, dont la base est entourée de hautes murailles crénelées, avec des tours en saillie. Les flancs du rocher sont incrustés de petits édifices gothiques, entremêlés avec des pins, des figuiers, des lierres et des chênes-verts ; et la montagne est couronnée par une masse de bâtiments de la construction la plus mâle, au-dessus desquels on voit dominer une basilique imposante avec son campanile et ses beffrois aigus. Le pinacle de l'édifice est d'un travail si riche, et néanmoins si léger, qu'on n'a jamais rien vu de pareil, à moins que ce ne soit dans ces gravures anglaises qu'on pourrait appeler de *belles infidèles*, ainsi que les traductions de Perrot d'Ablancourt. On voyait reluire au sommet de ce pinacle une grande statue dorée qui représente l'Archange Saint-Michel, et qui tournait sur un pivot d'après la direction des vents. On nous dit que le mouvement et l'agitation de cette image, dont l'épée flamboyante a l'air de défier et d'écarter la foudre, avait quelque chose de prodigieux pendant les orages et dans cette région des tempêtes. On nous a montré le manuscrit d'une prophétie de l'Abbé Richard de Toustain, qui présidait la ruine de son abbaye lorsque la même statue serait renversée (1).

Je laissai nos bonnes religieuses réciter leurs litanies des SS. Anges, tandis que je ramassais des coquilles et des petits cailloux roulés de mille cou-

(1) Cette image, qui datait du douzième siècle et qui avait été érigée par l'abbé Rainulfe de Villedieu, a été pulvérisée par un coup de tonnerre en l'année 1788. (*Note de l'Editeur*)

leurs les plus éclatantes. J'ai reconnu longtemps après que ces matériaux étaient des fragmens de porphyre, de jaspe rubané, de serpentin d'Egypte, d'agate, et d'autres matières orientales, qui doivent avoir été chariées sur les côtes de l'Armorique par les courans diluviaux. Je crois qu'on n'en trouve jamais dans la Manche, ni dans les autres Méditerranées. En arrivant aux pieds des remparts, on nous y montra, sur le sable, deux gros canons formés avec des barres de fer assujetties par des cercles, en nous disant que les Anglais avaient honteusement abandonné ces deux pièces d'ancienne artillerie, dans leur dernière entreprise contre le Mont-Saint-Michel. Il est à remarquer honorablement pour l'ordre de Saint-Benoît que ces ennemis de la France ont toujours échoué dans la même tentative, ce qui s'explique aisément par le courage et la fidélité des assiégés lorsque la plage est à sec ; car il est absolument impossible d'approcher du Mont lorsque la mer est revenue sur la grève. Le plan du sol de l'anse n'est pas incliné du côté de la pleine mer, d'où vient que la barre du flux arrive sur cette grève toute plate, non pas en roulant, s'avançant et s'élevant insensiblement comme une grève inclinée, mais par une irruption terrible et par une barre de vagues écumantes qui renversent, bouleversent, et qui détruiraient en dix minutes une armée du roi Pharaon. Quand la mer est haute, elle se brise toujours avec tant de furie contre la base du Mont, qu'il ne faut pas songer à s'y pouvoir servir d'une embarcation quelconque, et c'est au point qu'il ne se trouve pas même un seul bateau pêcheur dans le petit hâvre du Mont-Saint-Michel. Il en résulte que les habitans de l'abbaye et ceux de leurs vassaux qu'on appelle les Montois, ne sauraient communiquer avec la terre ferme que pendant la moitié de leur vie, et qu'ils se trouvent le reste du temps en état de réclusion forcée, ce qui se reproduit infailliblement lorsque la nuit arrive, ou pour peu qu'il y ait du b ouillard.

La petite ville du Mont-Saint-Michel ne se compose que d'une seule rue qui gravit en serpentant sur le flanc méridional de la montagne, et qui conduit par des marches entaillées dans le roc, jusqu'au portique de l'Abbaye, d'où l'on aperçoit une seconde ligne de fortifications supérieures, admirablement édifiées en grands blocs de granit. Nous y fûmes reçues par le Prieur conventuel, à défaut d'Abbé régulier, parce que le siège de cette abbaye royale était ce qu'on appelle *en commande*. Enorme abus, qui consiste à disposer de ce qui n'est pas à soi ! L'Abbé-Commandataire du Mont-Saint-Michel était alors je ne sais quel Aumônier du Roi, qui touchait *sine curâ* les 28 000 livres de rente appartenant à la Manse abbatiale ; aussi la conversation roulat-elle presque toujours sur le même sujet pendant les 72 heures de notre *hébergement* à l'hospice des pèlerins, et ce ne fut pas sans gémissemens réciproques entre l'Abbesse de Montivilliers et ses congréganistes.

Non loin de l'hospice où nous étions logés, se trouvait la prison d'Etat, qui ne renfermait que deux prisonniers ; savoir : un vieux Chevalier d'O, qu'on soupçonnait d'avoir tué sa nièce à coups d'épée (1), (quand on disait qu'il était *à moitié* fou, le Prieur ajoutait charitablement qu'on lui faisait tort de *l'autre moitié*). Je crois me souvenir que l'autre captif était un chanoine de Bayeux qui ne pouvait s'empêcher de faire de la fausse monnaie : c'était une idée fixe, une sorte de rage, une maladie véritable. Je me souviens très bien aussi du local où l'on avait tenu renfermé le *gazetier hollandais ;* mais je n'ai jamais compris comment Madame de Sillery (2) avait osé publier (quarante ans après) que c'était une *cage de fer*, et qu'elle avait été démolie par son élève, le Duc de Chartres (3). C'était une grande chambre dont le plancher supérieur était soutenu par des poteaux, et je ne vois pas ce que M. le Duc de Chartres y pouvait démolir sans y faire tomber le plancher sur sa tête. C'est assurément une bonne œuvre que de chercher à faire valoir un prince français, mais encore faudrait-il s'astreindre à ne dire que la vérité. Mme de Sillery n'y faisait pas tant de façons, parce qu'elle avait affaire

---

(1) Nicolas-Brandelis-Joseph de Bailleul d'O, Chevalier des ordres de Saint-Lazarre et du Mont-Carmel, mort au Mont-Saint-Michel, le 4 janvier 1729, ainsi qu'il appert du nécrologe de ce monastère *(Note de l'Auteur.)*

(2) La Comtesse de Genlis, alors Marquise de Sillery.

(3) L.-Philippe d'Orléans, 11e du nom, alors Duc de Chartres, successeur et fils aîné de Louis-Philippe Egalité.

(Note de l'Editeur).

à des lecteurs qui n'avaient rien à lui répondre, et parce qu'on n'avait encore entendu parler d'aucune personne qui fût allée visiter l'abbaye du Mont-Saint-Michel, pas plus que l'église de Brou-lez-Bourg en Bresse, ou le château royal de Chambord, que je ne vous en recommande pas moins comme étant les trois choses les plus curieuses du royaume.

J'ai toujours mieux aimé les vieilleries que les antiquités, et j'ai toujours aimé l'architecture gothique avec prédilection, mais comme l'intérieur de la clôture nous était interdit à cause de notre sexe, je ne pus voir que l'église, la salle des chevaliers de l'ordre de Saint-Michel, et l'entrée du cloître de l'abbaye, dont on nous entr'ouvrit la porte afin que nous y pussions jeter un coup d'œil *indiscret*. — La curiosité *tempérée* n'est qu'un péché véniel, et vous pourrez l'effacer en mangeant une bouchée de pain bénit, nous disait gaîment le Père hospitalier, Dom Charles de Courcy, lequel était le *caractère enjoué*, l'Amilcar de sa communauté ; savant personnage, au reste, et grand chartrier, s'il en fut jamais !

Le Mont-Saint-Michel est un lieu qui défie la description. J'y suis retournée vingt ans plus tard avec M. de Créquy, votre grand-père, pendant son inspection générale sur les côtes de Bretagne et de Normandie, mais à cause de ce même empêchement qui tenait à la clôture, tout ce que je pourrai vous en dire ne sera qu'à titre d'indication préparatoire et d'encouragement.

L'église abbatiale est un bel édifice du douzième siècle, avec des groupes de colonnes élancées et des roses de vitraux bien épanouies. Le maître-autel, qui recouvre la châsse de Saint-Paterde, Evêque d'Avranches, est entièrement revêtu d'argent massif, ainsi que le tabernacle et ses gradins, qui supportent une belle figure émaillée de l'ange exterminateur. Benvenuto Cellini n'a jamais rien produit de plus éclatant, de plus poétiquement chimérique et de plus finement ciselé que la figure du dragon qui s'enroule et se débat sous les pieds de l'Archange. On voit à la naissance de la voûte, autour du chœur et de l'abside, les armoiries coloriées avec les noms de tous les gentilshommes de Normandie qui militèrent avec Guillaume-le-Conquérant pendant les années 1066 et 1067. Il est aisé d'y vérifier qu'il ne reste guère de ces anciennes familles en Angleterre. On nous y parla mytérieusement d'une singulière entreprise de corruption, tentée par un duc de Sommerset, à dessein de faire ajouter à ces inscriptions-là, celle du nom de *Seymour* ou *Saint-Maur*, qui, faisait-il dire, avait été primitivement celui de sa famille, et qu'il aurait désiré voir figurer parmi les compagnons de Guillaume-le-Conquérant, afin d'autoriser la prétention qu'il en avait. Cette injurieuse proposition fut accueillie comme elle méritait de l'être, et vous pensez bien que les Seymour en ont été pour leurs frais d'ambassade au Mont-Saint-Michel. Il fallait bien être le petit-fils d'un pédant parvenu, tel que le tuteur d'Edouard VI, pour imaginer qu'on pourrait faire inscrire UN FAUX, à prix d'argent, par des religieux catholiques et par des gentilshommes français, dans une église de France, dans le sanctuaire d'une abbaye royale !...

La salle des chevaliers de l'ordre est une immense et superbe galerie, à quatre rangs de piliers gothiques, et dont la voûte est richement ornée de rosaces tombantes. On y voit les trophées héraldiques de tous les Chevaliers de l'ordre du Roi, depuis sa création par Louis XI, jusqu'à l'institution de celui du Saint-Esprit, par Henri III. Les casques et les cimiers des Chevaliers sont placés sur la sommité de leurs stalles, dont ils forment les couronnemens, et tout cela produit, de chaque côté de la galerie, une longue file de bannières, d'écus blasonnés, de casques, voiles de casques flottans, pennons, cimiers et lambrequins découpés, qui brillent de dorure, et de toutes couleurs, et qui produisent un effet admirablement noble et pittoresque. On dirait que toute la pompe féodale de la vieille France s'est réfugiée dans cette belle galerie du Mont-Saint-Michel.

Le cloître est formé par des colonnettes en granitelle variée, qui sont ajustées vers la pointe des ogives avec des sculptures en marbre imitant parfaitement des nœuds de cordage ; et je crois me rappeler que la partie centrale du cloître est formée par une large citerne où viennent aboutir toutes les eaux pluviales du monastère. On les conserve avec sollicitude, attendu qu'il n'existe pas une seule goutte d'eau potable, à une distance plus rapprochée, que celle de deux à trois lieues. Tous les fardeaux pesans, tels que les sommes de grains, les barriques pleines et les charges de combustibles, sont introduits dans l'intérieur de l'abbaye par une machine à roue qui les fait monter et glisser péniblement sur une fraction de rocher poli ; mais la pente en est tellement raide, et cette ouverture aux murs du couvent se trouve à une telle hauteur, qu'on y reste en pleine sécurité sur les *introductions* où les *évasions*, ce qui fait que l'arcade en reste ouverte, indifféremment et continuellement pendant le jour et pendant la nuit. On a conservé la mémoire d'un prisonnier... (*Il se trouve ici plusieurs lignes qui sont devenues indéchiffrables.*) On voit de l'autre côté du nord, cette prodigieuse muraille appelée la *merveille* (*Lacune d'une page*)... et l'on rejetait au Comte de Montgommery qui vigilait au pied du mur, et qui attendait impatiemment son tour pour être hissé le dernier de sa troupe, ainsi qu'il est du devoir d'un chef prudent ; on lui rejeta par les machicoulis, vous disais-je, une trentaine de cadavres affublés chacun d'une robe de bénédictin, ce qu'il prenait pour des moines, tandis que c'étaient ses propres soldats à qui l'on avait tranché la tête. Quand son tour de monter fut arrivé, il se trouva prisonnier du Père Abbé, qui le retint en captivité jusqu'après l'abjuration d'Henri IV.

Un effort de construction qui n'est pas moins merveilleux que cette muraille, est une réunion de quatre immenses piliers gothiques, qui supportent une voûte sur laquelle ont été bâtis le rond-point du sanctuaire et la base du grand clocher ; lesquels ne portent point d'aplomb sur le rocher principal, et sont édifiés en dehors de son plateau. Il n'y a que des Moines et des Bénédictins qui puissent avoir entrepris et fait exécuter une conception si savante et si grandiose ! On parle toujours de la *Dyploma-*

tique des bénédictins français, de l'*Art de vérifier les dates*, etc., mais il m'a toujours semblé que le *grand œuvre* des Bénédictins était leur abbaye du Mont-Saint-Michel !... (1).

A quelques centaines de toises du Mont, on aperçoit une sorte d'îlot sablonneux qui reste à fleur d'eau, et qui s'appelle Tombelène. On y voit les débris d'une construction gigantesque en quartiers de roches brutes, et la tradition rapporte que c'était un sépulcre pour les Druides. C'est là que se trouve aujourd'hui le cimetière des religieux et des Montois.

Au pied de la montagne et du côté de l'occident, il y a sur la pointe d'un roc une petite chapelle de la Sainte Vierge, où les navigans affluent toujours en arrivant de leurs voyages au long-cours. La

---

(1) Depuis le départ des religieux, en 1792, l'abbaye du Mont-Saint-Michel a subi des dégradations les plus affligeantes. L'hospice des pèlerins et l'hôtel abbatial ont fini par s'écrouler. On a cru devoir *utiliser* l'église, en la distribuant en *ateliers*, qui sont construits à plusieurs étages dans toute la hauteur de ce noble édifice. On n'a voulu réserver pour l'usage du culte que le chevet du chœur, où l'on est assourdi par le bruit des limes et celui des coups de marteau. Le cloître est également *utilisé* par d'infâmes constructions qui le divisent en grandes salles de travail et en petites cellules. La plupart de ces belles arcades ont été bouchées et maçonnées jusqu'à la clé de l'ogive. On a rempli de gravois cimenté les machicoulis des remparts. On a rasé les créneaux pour élever de petites murailles exhaussées et destinées à masquer la vue des prisonniers. Enfin, on a fait abattre le grand clocher pour *utiliser* la plate-forme de la tour majeure, et la statue dorée du protecteur archangélique s'y trouve remplacée par un télégraphe. (*Note de l'Éditeur.*)

chapelle est bâtie de cailloux roulés par l'Océan ; les parois et la voûte, à l'intérieur, sont toutes couvertes de branches de corail, de mamelons d'ambre, de prismes d'algue-marine et de coquillages éclatans recueillis sur tous les rivages connus et rapportés par de pieux matelots. L'autel est un quartier de roche à qui l'on a laissé les aspérités d'un écueil, et dans le pourtour, on voit suspendus, comme *ex-voto*, des ancres de sauvetage et des chaînes de captif.

Nous y vîmes arriver une longue file de marins bretons échappés d'un naufrage ; ils marchaient deux à deux, le capitaine à leur tête, avec les pieds nus, en chemise et la corde au cou. Le Père hospitalier fut les recevoir sur la grève, et les conduisit silencieusement à la chapelle. Des mères et des épouses de matelots absens suivaient le cortège avec un air de tristesse et de dévotion. On s'agenouilla devant l'image de la bonne Vierge, on y chanta l'*Ave maris stella*, et puis l'équipage s'en vint déjeûner à l'abbaye, après avoir raconté le danger qu'il avait couru sur des côtes lointaines, et le vœu qu'il avait fait à Notre-Dame de Bon-Secours.

Tous les Ducs de Normandie, et nous nos Rois, leurs suzerains, n'avaient jamais manqué, depuis Philippe-Auguste, à visiter la sainte montagne *in periculo maris ;* et Louis XV est le premier Roi de France à qui l'on n'ait pas fait accomplir ce pélerinage. La prophétie de l'Abbé Richard paraît annoncer les plus grands malheurs à la postérité du Roi, *qui non rogaret et honoraret B. Archangelum Patronum Regni Franciæ, in tabernaculo suo,* et ceci jusqu'à la troisième génération. Nous verrons si l'abbé Richard de Toustain n'est pas un faux prophète ? Mais sa malheureuse prévision n'a rien d'incroyable, en voyant l'audacieuse insolence de nos écrivains et la tolérance de notre Garde-des-sceaux (1) !

J'allais oublier de vous dire que, pendant notre séjour à l'hospice du Mont-Saint-Michel, il y vint deux filles de qualité, qui nous arrivaient à pied du fond de leur Quimper-Corentinois. C'est ainsi qu'on entreprend et qu'on exécute les pèlerinages dans ce pays-là. L'une était Mademoiselle de Querohent de Coëtanfao de Locmaria, dont la mère était l'héritière du Connétable de Clisson, et l'autre Mademoiselle de Kervenozaël de Lanfoydras, qui jouait du tympanon comme une fée Janvrile, et qui savait son nobiliaire sur le bout du doigt. Ces deux jeunes personnes étaient en possession (comme toutes les femmes de leur pays) d'un esprit inconcevablement vif et piquant, judicieux, délibéré, naturel et pleinement débarrassé de toute ligature conventionnlle. Une politesse exacte ; mais de phrases à compliment pas un mot, ce qui n'en valait que mieux. C'était justement le contrepied de la noblesse de Normandie

---

(1) M. de Malesherbes avec toujours dit qu'il fallait laisser imprimer en France les mauvais livres, parce que, sans cela, ils nous viendraient de l'étranger, et que le commerce de la librairi pourrait en souffrir. M. de Malesherbes avait fait des plaies mortelles à la religion, à la dignité de la couronne, à la paix de l'Etat : s'il a beaucoup souffert, il avait grandement à réparer, soit dit sans rancune.   (*Note de l'Auteur*, 1795.)

qui se recherche et s'écoute parler en voulant toujours singer le bel air de Paris. Mademoiselle de Querohent nous dit que la noblesse de Basse-Bretagne ne voulait jamais porter les deuils de cour à moins que ce ne fût pour un prince de la maison de Bourbon, ce qui me parut assez raisonnable. Elle avait un neveu de son nom qui fut créé Duc héréditaire en 1730, mais il fut arrêté pour prêter son serment, par je ne sais quel scrupule et quelle formalité qui se rattachait aux franchises de sa province, dont il exigeait le maintien, d'où vint qu'il en resta simple Marquis. On ne concevait pas chose pareille, à Versailles ; et quand il y vint ensuite pour monter dans les carrosses en vertu de ses preuves de 1399, qui n'étaient pas difficiles à faire pour lui, on apprit qu'il avait été chargé d'y solliciter l'exécution du contrat de mariage de Louis XII avec la Duchesse Anne de Bretagne. Je vous assure que les Bretons sont de singuliers personnages et d'aimables gens ! Mesdemoiselles de Querohent et de Kervenozaël avaient pour escorte un Ecuyer, et de plus deux *filles de chambre et de condition*, suivant la coutume de Basse-Bretagne. Elles s'asseyaient devant leurs maîtresses qui les faisaient manger avec elles, tout comme au bon vieux temps de leurs Ducs Judicaël et Nominoé. Les deux suivantes avaient nom Mesdemoiselles de Louisgrif et de Kercorngru. Quant à l'Ecuyer, véritable cruche à cidre, il était Fouesnel, s'il vous plaît ! Fouesnel de nom et d'armes, et Fouesnel dans l'âme ! Il était sorti d'une de ces *carrossées de Fouesnels* qui venaient toujours s'échouer aux Rochers pendant la tenue des états. Il était le propre neveu de cette vilaine du

-Plessix-d'Argentré, à qui Madame de Grignan ne pouvait s'empêcher d'appliquer des soufflets, ce qui faisait dire à la mère du Plessis par votre grand'mère de Sévigné. — *Voyez donc ces petites comme elles se jouent!...* Il avait vu Madame de Sévigné *souventes fois*, mais on n'en pouvait rien tirer ni rien apprendre ; il en parlait absolument comme il aurait pu faire de Mme des Nétumières ou de Mme de la Botardais, lesquelles étaient les deux *principalités* de son canton. Il paraît même que la Seigneurie de la paroisse de la Botardais mouvait directement de la Duché de Penthièvre, et qu'elle avait droit de *moyenne-justice*. Je n'ai jamais su d'où relevait la Tour de Sévigné, ni votre Châtellenie du Bûron ; mais vous serez toujours à lieu de vous le faire dire par vos procureurs fiscaux, à l'âge et à l'époque où vous en devrez prêter foi et hommage. Je désire que votre Marquisat de Sévigné ne relève que de la Tour du Louvre, et j'espère que vous n'aurez jamais que le Roi pour suzerain (1).

(1) Tancrède-Adrien-Raoul de Créquy, Prince de Montlaur et petit-fils de l'auteur, qui lui adresse toujours la parole dans la première partie de ces Mémoires, était, comme on l'a vu par le tableau généalogique qui se trouve au commencement de cet ouvrage, l'héritier de la maison du Muy, et par là de celles de Simiane, de Grignan, de Sévigné et de Rabutin-Chantal. On y voit que Marie-Anne-Thérèse de Félix du Muy, mère du jeune Tancrède, était devenue Comtesse de Grignan, Marquise de Sévigné, Baronne de Chantal, etc., du chef de son aïeule Pauline Adhémar de Monteil de Grignan, Comtesse de Simiane, laquelle était la fille et l'unique héritière de Françoise de Sévigné, Comtesse de Grignan, l'héritière et la fille unique de Marie de Rabutin-Chantal, Marquise de Sévigné. (*Voyez* les MÉMOIRES ET

CONSULTATIONS *pour la Citoyenne Decréquy, née Defélix-Dumuy, contre le Citoyen Jean-Baptiste-Louis-Joseph Defélix-Dollières-Desaintmesme, aujourd'hui le Général Dumuy. Paris, vendémiaire, an* **11** *de la république.*) C'est au Général du Muy que les tribunaux révolutionnaires avaient adjugé la terre de Grignan, dont il a fait abattre le château.

(Note de l'Editeur.)

CHAPITRE III

Mort du Marquis de Montflaux, frère de l'auteur. — L'étiquette pour les deuils. — La Duchesse de Berry, fille du Régent. — Voyage à Paris. — Première entrevue de l'auteur avec le Comte de Froulay, son père. — L'hôtel de Breteuil. — La Marquise de Breteuil-Sainte-Croix. — Le Baron et la Baronne de Breteuil-Preuilly. — Le Commandeur et la Comtesse de Breteuil-Charmeaux. — La cassette du Commandeur. — Sa mort. — Emilie de Breteuil, depuis Marquise du Châtelet. — Lettre de Madame de Maintenon, — Ses armoiries. — Le Maréchal et la Maréchale de Thomond. — La cour d'Angleterre à Saint-Germain. — Première dispute avec Voltaire. — Pressentiment vérifié.

J'eus le malheur de perdre mon frère qui venait d'épouser la fille unique du Maréchal de la Mothe-Houdancour (1). Ma belle-sœur n'avait pas eu d'enfant, et ceci devint un bonheur pour moi, parce

(1) Jeanne-Gabrielle-Euphémie-Constance de la Mothe-Houdancour, Marquise de la Mothe en Valois et d'Houdancour en Brie, Duchesse de Cardone en Catalogne et Grande d'Espagne de la première classe. Etant veuve de mon frère, Charles-Eléazar de Froulay, cette grande héritière avait épousé Charles de Ronault, Marquis de Gamaches, de Cayeux, de Pomponne et de Saint-Vallery. Elle est morte en 1787, et c'est aujourd'hui le Duc de Médina-Cœli qui est en possession de son Duché de Cardonne et de ce majorat catalan. (*Note de l'Auteur.*)

qu'il en résulta que j'épousai M. de Créquy avec lequel j'ai passé trente années d'un bonheur sans nuages et sans pareil ! Si je n'étais pas devenue une riche héritière, mon mariage avec M. de Créquy n'aurait vraisemblablement pas eu lieu, parce que toutes vos terres de famille étaient accablées d'hypothèques : votre grand-père aurait été obligé de s'allier à quelque famille de finance, ce qui n'était jamais arrivé dans votre maison, et ce qui l'aurait tellement contrarié qu'il aurait bien pu ne s'y décider jamais et ne se pas marier du tout (1).

Pour en revenir à mon frère, il était mort de la petite vérole, qui était venue se compliquer avec les suites d'une affreuse blessure qu'il avait reçue à l'armée du Maréchal de Villars, où il commandait l'ancien régiment de mon père, Royal-Comtois, et c'était dans les premiers jours de l'année 1713. Ma tante de Montivilliers avait eu la précaution de me faire préparer à cette triste nouvelle, en conséquence de ma tendresse pour mon frère et par suite des ménagemens que demandait mon âge, ce qu'on fit durer de quatre à cinq mois, et ce qui fut pour moi

(1) Voici les titres domaniaux et féodaux que Madame de Créquy portait de son chef et qu'elle prenait dans ses actes juridiques : *Marquise d'Ambrières et Comtesse de Montflaux, Baronne de Gastines-les-sept-Tours, Dame Haute-Justicière, Châtelaine et Patronne de Saint-Denys-lez-Gastines, de Vignaulx-le-Froullay, de Marolles, de Montchévrier, du Tremblay, Launay-sur-Sarthe, Avrigny, Jossigny, Saint-Solaine et autres lieux ; Grand'Croix de l'Ordre de Malte ;* et puis, suivaient les qualifications qui lui provenaient, en communauté, du chef de M. de Créquy.

(*Note de l'Editeur.*)

comme si j'avais vu mon pauvre frère se consumer progressivement et s'éteindre à la suite d'une maladie de langueur. J'en avais porté le grand deuil sans m'en douter, parce que l'époque de sa mort avait concordé avec celle de Madame la Maréchale de Tessé, dont il nous fallut porter le *deuil de mère,* attendu que son mari était le chef de notre maison. C'est un usage auquel on n'aurait pas manqué dans ce temps-là. Tous les gens de qualité prenaient le deuil de père, à la mort de l'ainé de leur famille dont ils n'étaient quelquefois cousins qu'au vingtième degré. C'était une sorte d'assujettissement qui témoignait noblement de la dignité des races, et c'était une manifestation de coutume salique que les parvenus n'osaient pas singer. Voilà surtout ce qui m'a fait regretter et désapprouver qu'on ne l'observât plus aussi généralement et rigoureusement qu'autrefois. Il est assez connu que ce fut la Duchesse de Berry, fille du Régent, qui fit diminuer de moitié la durée de tous les deuils possibles; mais je vous puis assurer qu'à l'exception des courtisans du Palais-Royal et des familiers du Luxembourg, où logeait cette indigne princesse, personne ne voulut adopter une innovation qui sembla fort impertinente avant la majorité du Roi; et encore, il est à remarquer que depuis son insertion dans les *Colombats*, la noblesse d'Artois, de Bretagne, de Bourgogne, de Languedoc et de Dauphiné, n'a jamais voulu se conformer à ce programme de la Duchesse de Berry. J'ai toujours remarqué que c'est dans les *pays d'états* qu'on tient le plus fortement aux anciennes coutumes; et vous verrez que c'est dans les mêmes pays d'états que le gouvernement du Régent a trouvé le plus de sévérité. S'il avait succombé à la tentation d'*hériter* de la couronne de France, il était bien prévenu d'une opposition vigilante et formidable, à Grenoble, à Toulouse et principalement à Rennes, où le parlement aurait fait proclamer l'aîné des petits-fils de Louis XIV, en dépit des renonciations et au mépris des stipulations d'Utrecht, en vertu du droit de primogéniture et la loi salique à la main. La *fidélité* du Régent n'a pas été si généreuse et si méritoire que nous l'ont dit ses historiographes; mais voilà que je fais de la politique, en oubliant que je ne suis qu'une pensionnaire; et comme Louis XIV est encore vivant, ce n'est pas le moment de vous parler de la minorité de son petit-fils et de la régence de son neveu.

Vers le mois de novembre 1715, ma tante me dit avec un air de précaution qui me donna matière à penser, que j'allais aller passer l'hiver à Paris, mais que je reviendrais à l'abbaye lorsque j'aurais fait connaissance avec ma grand'mère de Froulay. Je pleurai beaucoup en nous séparant, c'était bien la moindre chose; et je partis en chaise de poste avec une femme de chambre et deux postillons que mon père avait envoyés de Paris pour m'escorter. Nous arrivâmes après six jours de voyage, et l'on me fit descendre à l'hôtel de Froulay, rue Saint-Dominique, où je trouvai mon père que je n'avais vu de ma vie et qui me reçut comme si nous nous étions quittés la veille. Mon père avait la figure la plus aimable, il était d'une aménité facile et d'une grace charmante. Il me dit qu'il allait me conduire et m'établir auprès de ma tante, la Baronne de Breteuil, parce que la Marquise de Froulay, ma grand'mère, passait sa vie sur la route de Paris à Versailles. Il ajouta qu'elle aurait pourtant la bonté de prendre son temps pour me présenter dans *certaines maisons;* ensuite il me recommanda d'avoir à m'observer soigneusement devant MM. de Breteuil, parce que c'était une famille extrêmement susceptible sur tout ce qui pouvait être dit contre la noblesse de robe. Mon père me fit servir une panade aux confitures, et nous voilà partis pour l'hôtel de Breteuil, qui donnait et qui donne encore aujourd'hui sur le jardin des Tuileries; situation qui me parut tellement ravissante que j'en éclatai de joie, ce qui fit dire que j'étais *naturelle au possible.* Cette jolie maison n'est composée, comme vous savez, que de huit à neuf pièces à chaque étage, mais toutes les chambres y sont décorées et dorées avec un luxe miraculeux, et voici comment les appartemens s'y trouvaient répartis entre les Breteuil. La Marquise de Breteuil-Sainte-Croix occupait le rez-de-chaussée dont elle avait réservé deux ou trois pièces pour sa mère, la Maréchale de Thomond, laquelle était Surintendante de la Reine d'Angleterre et sœur aînée de la Maréchale de Berwyck. La mère et la fille avaient un magnifique logement dans le château neuf de Saint-Germain, et celui qu'on leur donnait à l'hôtel de Breteuil n'était censé qu'un bâton de juchoir à Paris. Ma tante la Baronne (de Breteuil-Preuilly) habitait le premier étage de son hôtel avec son mari, dont la bibliothèque avait usurpé trois salles. Le second n'était occupé que par la Comtesse-Douairière de Breteuil-Charmeaux, mon autre tante, laquelle était la sœur aînée de la Baronne, et née de Froulay tout aussi bien que sa sœur et moi. Celle-ci ne partageait son bel appartement avec personne, et trouvait que les Breteuil n'en faisaient jamais assez pour elle. Le troisième étage était habité par le Commandeur de Breteuil-Chantecler, lequel donnait à loger à l'Évêque de Rennes (Messire Auguste de Breteuil-Fontenay), lorsque celui-ci croyait avoir affaire à Paris, ce qui ne manquait pas d'arriver souvent. Enfin les cinq enfans de ma tante la Baronne occupaient le quatrième étage; et ma cousine Émilie, qui devint ensuite la Marquise du Châtelet, fut obligée de me céder son appartement qui donnait sur les Tuileries. On la relégua dans trois petites chambres qui s'ouvraient sur le cul-de-sac Dauphin, ce qu'elle ne m'a jamais pardonné, soit dit en passant. Vous voyez que je me trouvais transplantée tout au plein milieu de cette famille de Breteuil, et quand la recommandation de mon père me revenait à l'esprit, il me semblait que j'étais dans un buisson d'épines. Cependant je m'observai si bien sur le chapitre de la noblesse de robe, que j'en pris une sorte d'habitude inébranlable. C'est de là que m'est arrivée la bonne coutume de ne jamais rien dire sur ces familles du second ordre avant d'avoir eu la précaution de regarder autour de moi, comme on fait pour les cheveux roux et les bossus.

M. de Breteuil était un vieux robin qui ne parlait jamais que de son père, le Contrôleur-Général, à qui l'on avait toujours dit — Monseigneur. — Mais,

Monseigneur.... — Comment se fait-il, Monseigneur?.... Vous étiez bien sûr de voir arriver un Monseigneur à la suite de toutes ses mémorations paternelles. Il avait la rage et la manie des fonctions et de la titulature au point de conserver des charges les plus minimes et les plus mal appliquées sur un homme tel que lui. Il avait ensuite le ridicule d'en faire mentionner les qualifications dans tous ses contrats. Par exemple, il avait reçu en paiement d'un de ses créanciers la finance d'un brevet de secrétaire du Roi qu'il aurait dû revendre, et il avait reçu en paiement d'une autre dette une charge de lecteur de la chambre de S. M., qu'il avait eu soin de garder pour lui, de sorte qu'il était qualifié tout à la fois dans un même acte, Baron de Breteuil et de Preuilly, Premier Baron de Touraine et secrétaire du Roi; d'ancien Ministre plénipotentiaire de S. M. et de Lecteur de sa chambre; de Conseiller du Roi en tous ses conseils et d'Introducteur des Princes étrangers auprès de S. M. Ce qui composait un salmigondis risible et dont sa famille était au désespoir. Il aimait beaucoup la littérature et les gens de lettres, et du reste il était bon moliniste. C'était là son beau côté.

L'aînée de mes tantes, Marie-Thérèse de Froulay (la Comtesse du second), était une douairière assez pimpante, vaniteuse, exigeante et personnelle à l'excès. Elle affichait un souverain mépris pour la magnificence qui nous entourait à l'hôtel de Breteuil, ce qui ne l'empêchait pas de n'en jamais sortir qu'en carrosse à six chevaux, avec un piqueur en flèche et quatre laquais en grande livrée. Le Baron, dont la vanité ne s'étalait que sur des grosses de notariat, disait toujours que l'équipage de sa belle-sœur avait l'air d'une fête de Pâques, et du reste il ajoutait régulièrement 24 mille francs d'étrennes aux 56 mille francs qu'il avait à lui payer pour son douaire et son préciput. Elle avait sept femmes de chambre, dont une ou deux la veillaient toujours pendant la nuit, afin de la préserver des apparitions et de la défendre contre les revenans. De toutes les peureuses que j'ai connues, c'était certainement la plus susceptible d'effroi. On ne l'aurait pas fait rester toute seule dans la garderobe de sa sœur, parce qu'il y avait sur le parquet une peau de tigre dont elle avait une frayeur mortelle. Ladite Comtesse de Breteuil ne mangeait pour tout potage à son déjeûner et son dîner qu'une panade à l'orgeat, et jamais elle ne soupait chez elle, ce qui fait qu'elle avait plus de fortune à dépenser qu'il ne lui fallait raisonnablement. Mais ceci ne la consolait point de ne pouvoir aller faire sa cour à Versailles; aussi finit-elle à quarante-sept ans par épouser le vieux Marquis de la Vieuville, attendu qu'elle en devait obtenir les entrées du cabinet, parce qu'il avait été Chevalier d'Honneur de la feue Reine Marie-Thérèse; voilà ce qui la décidait, nous disait-elle, et j'imaginai que les soixante mille écus de rente du vieux Marquis n'y gâtaient rien. C'était un des cœurs de femme les plus secs, une des cervelles les plus arides et des têtes les plus vides dont j'aie entendu résonner le creux.

Ma cousine Émilie, qu'on appelait alors Mademoiselle de Preuilly, et non pas Mademoiselle de

Breteuil, afin de la distinguer de sa cousine, qui est devenue Madame de Clermont-Tonnerre (1), ma cousine Émilie avait trois ou quatre ans de moins que moi, mais elle avait cinq à six pouces de plus. Son ami Voltaire a fait imprimer qu'elle était née en 1706, à dessein de la rajeunir de quatre ans, mais elle était née le 17 décembre 1702, ce qu'il est aisé de vérifier à la sacristie de Saint-Roch. C'était un colosse en toutes proportions. C'était une merveille de force ainsi qu'un prodige de gaucherie : elle avait des pieds terribles et des mains formidables : elle avait déjà la peau comme une râpe à muscade ; enfin la belle Émilie n'était qu'un vilain cent-suisse, et pour avoir souffert que Voltaire osât parler de sa beauté, il fallait assurément que l'algèbre et la géométrie l'eussent fait devenir folle. Ce qu'elle avait toujours eu d'insupportable, c'est qu'elle avait toujours été pédante et visant à la transcendance en fait de compréhension, tandis qu'elle embrouillait tout ce qu'on lui mettait en mémoire et qu'elle en faisait une manière d'hochepot indigestible. Par exemple, elle nous demandait un soir avec un air moitié distrait et moitié préoccupé, ce qui était sa mine habituelle, et en rejetant son régime et son nominatif à la fin de ses phrases, ce qui était sa manière de procéder grammaticalement,

---

(1) Marie-Anne-Julie Le Tonnelier de Breteuil de Trésigny, femme de Charles-Henry, Comte de Clermont en Viennois et Connétable héréditaire du Dauphiné, Duc de Tonnerre, Marquis d'Espinac, etc. Elle est morte en couches, en 1767, âgée de 56 ans. *(Note de l'Auteur.)*

elle nous demanda lequel des deux il fallait tenir pour assuré, ou que Nabuchodonosor avait été changé en bœuf, ou que le Prince Chéri avait été métamorphosé en oiseau? — Mais, ni l'un ni l'autre, lui dit sa mère. — J'ai pourtant vu dans la Bible....
— Vous n'avez rien vu de pareil à cela dans la Bible, lui dit ma tante qui n'omettait jamais de la chapitrer et de la tancer vertement. Allez me chercher la Bible où vous avez trouvé de si belles choses. « *La raison du roi s'aliéna, il s'enfuit dans les champs où il paissait l'herbe à la manière des brutes : ses cheveux s'alongèrent comme des plumes d'aigle, et ses ongles devinrent crochus comme ceux des vautours !....* » Où donc voyez-vous là que le roi Nabuchodonosor ait été changé en bête? Je vois bien qu'il était devenu fou, mais il n'est pas question qu'il fût devenu bœuf. Souvenez-vous que c'est une imagination de sœur tourière ou de femme de chambre.

Voilà comme elle avait étudié, la docte Émilie, et c'est ainsi qu'elle avait retenu toutes choses. Je comprends bien que M. de Voltaire ait eu la fantaisie de la faire passer pour une savante; mais je n'ai pu m'expliquer comment M. Clairaut, qui était rude et sévère, avait eu cette complaisance-là. Nous disions toujours qu'elle avait dû lui donner de l'argent, et nous n'avons jamais ouï parler du *génie sublime* et du *profond savoir* de Madame du Châtelet sans éclater de rire. Voltaire était cruellement tourmenté de mon expérience et de mon incrédulité sur ce chapitre......

« Écoutez-moi, respectable Émilie :
» Vous êtes belle; ainsi donc la moitié
» Du genre humain sera votre ennemie.
» Vous êtes bonne, et vous serez trahie ! »

— Vous voyez bien, mon cher Voltaire, que vous dites que notre cousine est devenue bonne et belle à l'âge de 48 ans, et c'est une supercherie qui saute aux yeux ! Comment voulez-vous qu'on puisse vous croire, lorsque vous dites qu'elle est devenue savante ?...

— Mais, Madame, elle m'avait mis le pied sur la gorge pour me faire parler de sa beauté. Elle aurait fini par m'étrangler, on voit bien que vous ne la connaissez pas......

— Allons, M. de Voltaire, ne tombons pas dans les familiarités : tout ce que je puis vous accorder sur la Marquise du Châtelet, c'est qu'elle est plus habile et plus exigeante que vous.

J'aurai souvent l'occasion de vous reparler de la divine Émilie, de ses bons amis Voltaire et Saint-Lambert ; et surtout de mon neveu, le Duc du Châtelet, qui, grâce à Dieu, n'aurait jamais été d'un naturel aussi confiant et aussi patient que son bonhomme de père (1).

---

(1) Florent-Louis-Marie du Châtelet-Lorraine, Sire et Comte, Marquis et Duc du Châtelet, Prince de Vauvillars et du Saint-Empire-Romain, Marquis de Trichasteau, Comte de Lomont, etc. Il avait eu un frère qui mourut dans son enfance. Leur sœur, Marie-Gabrielle du Châtelet a épousé Don Alfonse Caraffa, neveu du Pape Paul IV et Duc de Montanégro. Le quatrième et dernier

Ce que je vous dirai du Commandeur de Breteuil, et de l'Évêque de Rennes, grand-maître de l'Oratoire et de la chapelle royale, c'est que ce dernier était une véritable linotte mitrée. L'autre avait dans l'humeur une habitude de tristesse mâle et profonde. Il était sobre de paroles, indulgent pour ses domestiques, et d'une sévérité prodigieuse à l'égard de son aumônier. Il était pour sa famille et pour ses amis comme une espèce d'énigme, et lorsqu'il sortait à pied de l'hôtel de Breteuil, enveloppé dans sa cape et la tête couverte de sa carapousse, on s'y mettait aux fenêtres pour le voir passer en le suivant des yeux, et puis chacun se regardait avec un air de curiosité craintive et sombre. Je n'ai jamais su comment expliquer la singulière impression qu'il nous faisait éprouver. Le Commandeur avait une cassette remplie de papiers qu'il adressa le 18 avril 1714 au Roi Louis XIV. Il accompagna le valet de chambre qui la portait jusqu'à Versailles, il revint tout seul à Paris et fut trouvé mort dans son lit, le 20 avril suivant. Il avait brûlé la veille une grande quantité de lettres, ainsi qu'un portrait de Monsieur, frère du Roi, dont on trouva les débris dans l'âtre de sa cheminée.

On avait déjà supposé *bien des choses* à l'époque de la mort de Madame, Henriette d'Angleterre. On parla beaucoup de la mort du Commandeur de Breteuil et des dispositions qui l'avaient précédée, mais

---

enfant de leur mère a très-bien fait de ne pas venir à bon terme, attendu que M. du Châtelet ne l'aurait pas reconnu.

(Note de l'Auteur.)

il est vraisemblable qu'il avait fini naturellement. Ses funérailles eurent lieu dans la chapelle de l'ordre de Malte au Temple avec une grande solennité, et ce fut M. de Belsunce, Évêque de Marseille, qui prononça son oraison funèbre, en présence de tous les princes du sang, à qui le Roi avait fait ordonner de s'y trouver.

Je me souviens que Madame de Maintenon écrivit à ma tante un billet fort aimable à cette occasion-là. Il n'était signé que de ce nom de domaine, sans aucun titre et sans prédécession de son nom d'Aubigné; je me souviens aussi qu'il était cacheté aux armes d'Aubigné sans couronne de Marquise et sans accollement des armes de MM. Scarron qu'elle aurait dû porter en *communauté*, ce qui témoignait assez combien son état civil et nobiliaire était dans l'exception. La famille de son premier mari, Paul Scarron, n'avait pourtant rien d'ignoble : son origine remontait par titres vérifiés à l'année 1383, et ce fut seulement au milieu du XVIe siècle qu'elle avait abandonné la profession des armes pour entrer dans la magistrature. Mon père avait connu plusieurs personnages de cette famille qu'il estimait considérable, et c'était notamment Pierre-Paul Scarron, Évêque et Prince de Grenoble en 1666; Jean-Marie Scarron, Marquis de Vaures et doyen des Conseillers de grand'chambre à la même époque; enfin Catherine Scarron de Vaures, laquelle était femme du Maréchal-Duc d'Aumont, Gouverneur de Paris Chevalier des ordres et Capitaine des gardes-du-corps de Louis XIV. C'est à raison du roman comique et des facéties de Paul Scarron que son nom vous apparaît aujourd'hui sous un faux jour burlesque, mais vous pouvez compter qu'au XVIIe siècle il ne pouvait et ne devait produire aucune impression de la même nature. Ce que je me rappelle aussi, c'est qu'à la même époque toutes les personnes qui reçurent la Gazette de Leyde y trouvèrent imprimée sur un petit papier l'épigramme suivante, qu'on avait eu soin de leur envoyer de Hollande avec ce journal.

> » Cette fameuse banqueroute
> » Que fait Louis en sa déroute
> » Remplit bien la barque à Caron !
> » Il est si pauvre en son vieux âge,
> » Qu'on craint que la veuve Scarron
> » N'ait fait un mauvais mariage. »

Cette brutalité de quelque mauvais Français, protestant réfugié, fut accueillie par des éclats d'animadversion patriotique et d'indignation *filiale*, on pourrait dire ; car jamais le grand Roi n'avait paru si grand et ne fut si profondément vénéré qu'au milieu de ses douleurs de famille et du malheur de ses armes.

Milady Laure de Breteuil, autrement dite la Marquise de Sainte-Croix, était une Pairesse britannique infiniment polie, quoiqu'elle fût de grande naissance, ce qui n'est pas plus commun l'un que l'autre dans ce pays-là ; mais elle avait toujours un air mal à son aise et guindé, parce qu'elle se voulait toujours maintenir à califourchon sur les prétentions celtiques de la tribu royale des O'Bryen et des Princes de Thomond dont elle était l'héritière. Son père, qui devint Maréchal de France, et sa mère, qui était Surintendante de la cour d'Angleterre à Saint-Germain, étaient deux fervens jacobites et deux émigrés de mauvaise humeur. La Maréchale de Thomond m'a pourtant dit une jolie chose, une fois dans sa vie, et c'était qu'au moment de s'embarquer à la suite de cette malheureuse Reine d'Angleterre, Marie de Modène, elle avait promis à une vieille tante qu'elle laissait en Irlande, et qui s'appelait Milady Stuart, de lui donner des nouvelles de leur cousin le Roi Jacques, et de lui bien détailler de quelle manière on allait recevoir les Stuart à la cour de Versailles. Elle se contenta d'envoyer à sa tante un feuillet de ses heures, où se trouvait le commencement du psaume; « *Dixit Dominus Domino meo : sede* « *à dextris meis, donec ponam inimicos tuos scabellum* « *pedum tuorum.* » Rien n'était plus exactement bien appliqué que ce premier verset de nos vêpres. Plût à Dieu que l'application du deuxième verset se fût réalisée contre cet abominable Guillaume de Nassau, à qui j'ai gardé depuis mon enfance un sentiment d'exécration méprisante et d'horreur patriotique qui ne s'est jamais affaibli! Il me semblerait, et je ne sais plus si j'ai rêvé que le Maréchal et la Maréchale de Thomond, qu'on appelait alors Milord et Milady O'Bryen de Clare, avaient encore une autre fille qui aurait épousé le Duc de Praslin.

Avant d'en finir avec les Breteuil et leurs alliés, il me reste à vous parler de la personne la plus judicieuse, la mieux instruite et la plus affectueuse de la famille; c'était une des femmes les plus attachantes et les plus intéressantes à bien observer que j'aie jamais connues. Voilà pourquoi j'ai voulu vous la garder, comme on dit vulgairement, pour la bonne bouche.

Gabrielle-Anne de Froulay, Baronne de Bretenil et de Preuilly, était renommée pour sa beauté. Sa figure était de celles qui vous frappent, qu'on n'a vues qu'une fois, et qu'on prevoit ne retrouver jamais. Son teint était une véritable merveille d'éclat naturel et de fraîcheur. Elle avait les cheveux absolument de couleur cendrée, les sourcils noirs, les yeux gris d'un aigle, l'air doux, spirituel et singulièrement imposant. Elle était naturellement sérieuse, et je ne crois pas qu'on l'ait jamais vue sourire, autrement que par condescendance, ou par un mouvement de tendresse en regardant ses enfans, qui étaient les plus charmantes créatures du monde, à l'exception de la gauche Emilie, bien entendu. Elle était prodigieusement instruite, et les deux parties du savoir où ma tante excellait, étaient surtout la théologie et l'astronomie. Elle se raillait souvent de son goût pour les deux sciences les plus masculines, disait-elle, puisqu'elles étaient les plus élevées. Je crois bien que Madame du Châtelet n'a jamais su d'astronomie que ce que sa mère en avait laissé tomber dans la conversation devant elle. Ma tante était passionnée dans ses affections, incapable d'éprouver la haine, impuissante pour la moquerie, inaccessible à la vanité. Sa prévoyance et sa clairvoyance étaient admirables. Son caractère était solide et calme. Enfin, pour qui la retrouvait à 55 ans après l'avoir vue à 15, elle ne paraissait ni beaucoup plus sensée, ni beaucoup moins jolie. Avec de si hautes et si charmantes qualités, ma tante avait

néanmoins des imperfections singulières. C'était d'abord une espèce de culte de latrie sans pratiques et sans dévotion pour les volontés de son mari, qui consistait à faire obéir scrupuleusement ses enfans et ses domestiques à toutes les ordonnances du Baron de Breteuil, lesquelles étaient toujours contradictoires et le plus souvent inexécutables. C'était ensuite un orgueil maternel établi principalement sur ce que ses enfans avaient l'avantage d'appartenir à notre maison, honneur dont elle ne songeait aucunement à se faire la moindre part, non plus qu'à tirer le moindre parti de vanité pour son propre compte, ayant épousé tous les Tonnellier possibles en prenant le nom de son mari.—Comment voudrait-on, me disait-elle un jour, que je ne fusse pas restée bienveillante et reconnaissante pour M. de Breteuil, qui m'a préservée de la *guimpe* en m'empêchant de sécher d'ennui derrière les grilles d'un cloître? C'est à lui que je dois le bonheur d'être mère. Il a parfois des volontés singulières et j'en conviens ; mais il est de mon devoir de m'y conformer sans murmurer et d'y faire obéir les autres autant que je le puis. Ma très bonne et bien aimable tante avait en outre une croyance superstitieuse à certains pressentimens ; et quand ces pressentimens avaient ses enfans pour objet, et qu'on entreprenait de la contrarier dans les résolutions qui s'ensuivaient, cette femme, ordinairement si paisible et si soumise, lançait alors un coup d'œil à son mari, comme un éclair de détermination despotique, en lui disant:
—Pensez-vous donc, Monsieur, que la mère de vos enfans ne puisse pas avoir autant d'instinct naturel

et de prévision que la mère de vos poulets? Est-ce que vos poules ont eu besoin que vous ayez aperçu le milan pour s'inquiéter et s'agiter sur leur couvée?.... La puissance du regard, si ce n'est la justesse de la comparaison, produisait un effet magnétique; et son mari lui répondait avec un air de résignation : — Allez, Madame, allez vous établir dans une auberge auprès du collége de la Flèche, parce que vous avez rêvé que votre fils allait avoir des convulsions. Pour cette fois-là, ma tante avait deviné bien juste, et nous la vîmes revenir huit à dix jours après avec son second fils, qu'elle avait arraché du collége et des portes de la mort en lui faisant avaler des flots de suc de laitue, ce dont personne ne s'était encore avisé contre les convulsions. Le petit cousin dont je vous parle était le père du Baron de Breteuil, lequel est aujourd'hui Ministre de la maison du Roi. Vous ne sauriez ignorer qu'il a marié sa fille unique au Comte de Goyon-Matignon, ce dont il n'est provenu qu'une fille qui vient d'épouser le fils aîné du Duc de Montmorency. Si nous avions le malheur de vous perdre, ce serait Mme de Montmorency qui deviendrait ma principale héritière, et c'est une sorte de profit que je ne lui désire en aucune façon (1)!

(1) Le petit-fils et le fils de l'auteur étaient morts avant le Baron de Breteuil, grand-père de Madame la duchesse de Montmorency, laquelle a recueilli l'héritage de Madame de Créquy, en 1833, époque de la mort de Madame de Matignon, sa mère.
(Note de l'Éditeur.)

CHAPITRE IV.

La civilité puérile et honnête (édition de Poitiers).— M. de Fontenelle.— Le marquis de Dangeau. — Le vieux Duc de Saint-Simon. — Jean-Baptiste Rousseau. — Démenti que l'auteur donne à Voltaire. — Le Maréchal d'Ecosse. — La Marquise douairière.—Visite à Saint-Cyr.— LE ROI.— Madame de Maintenon.— La Duchesse du Maine.—Le *God save the king* à Saint-Cyr.

Ma tante me trouvait assez instruite ; mais elle avait jugé que l'usage du couvent ne pouvait suppléer à celui du monde. Vous allez voir que Mme de Breteuil était la personne la plus savamment et la plus exactement polie, ce qui m'a toujours étonnée, car elle n'était sortie du Prieuré de Sainte-Madeleine-en-Dunois que pour épouser un mari dont le rang et la profession ne lui permettaient pas d'aller prendre le bel air et les habitudes de Versailles. Elle débuta par me faire lire *la Civilité puérile et honnête* : c'était l'ancienne édition de Poitiers, pleine de niaiseries ; mais l'intelligente personne avait la prudence et l'attention d'y faire ma part avec celle du temps, en rejetant le fatras et les ridiculités sur les usages et les coutumes surannées de l'époque où l'auteur avait écrit. Par exemple, on y disait qu'il fallait éviter de cracher dans la poche de son voisin et qu'il ne fallait pas se moucher à table avec sa serviette ; qu'il ne fallait jamais se peigner dans les églises, et surtout qu'il se fallait bien garder de faire le signe de la croix *derrière son dos*, parce que c'est *incivil* pour le Saint-Sacrement. — Vous voyez bien, me disait-elle, que les *Muguets* du temps du feu Roi Louis XIII avaient déjà pris la mode des longs cheveux, et qu'ils portaient des démêloirs dans la poche de leur habit ; ce dont les vieilles gens n'ont pas encore perdu l'habitude. On dit populairement « faire le signe de la croix derrière son dos », à propos des écoliers qui jettent leurs mains par-dessus leurs épaules en faisant avec précipitation le signe de notre salut, ce qui ne laisse pas d'être une irrévérence ; et quant à ne pas se moucher avec sa serviette, il est encore à désirer que certains gentilshommes de province, à commencer par le Comte et le Chevalier de Montesquiou, prennent le précepte en considération, car ils essuient leur nez avec la nappe, et c'est une saloperie qui fait mal au cœur. — *Brisez votre pain sans le couper au couteau ; cassez toujours vos coquilles d'œufs ;* et pourquoi donc cela, ma tante ? — C'est parce qu'on ne vous sert que du pain tendre, et que la croûte en est friable et légère. J'ai toujours pensé que, s'il était permis de couper son pain, on n'y saurait mettre assez de précautions, et qu'on risquerait d'en faire sauter des particules incommodes et très aiguës dans les yeux de ses voisins ou sur la gorge de ses voisines. Quand vous laissez des coquilles d'œufs sur de la vaisselle plate et qu'un valet vient les enlever, comment ne craignez-vous point qu'elles ne roulent sur vos habits ?......

J'ai su depuis que ma tante en agissait de la sorte avec moi pour ne pas discréditer dans mon esprit une foule de prescriptions utiles et de sages recommandations qu'on trouve dans ce même livre. Il y a tel protocole ou telle formule d'égards qui a fait honneur à ma parfaite éducation et qui ne s'était imprimé dans mon esprit que moyennant la lecture de la *Civilité puérile et honnête*. Toujours est-il qu'ayant vécu jusqu'à dix-neuf ans si loin du monde, ayant épousé un homme qui ne pouvait la faire présenter à la cour, et se tenant toujours chez elle, ma tante de Breteuil avait acquis au plus souverain degré la pratique et la théorie de la politesse avec l'usage du plus grand monde ; et c'était depuis la forme d'un placet au Roi jusqu'à la différente manière de prononcer le MONSEIGNEUR pour un Évêque ou pour un Prince du sang. Elle s'attachait à me prouver que chaque lieu commun de la politesse avait toujours un motif agréable pour les autres, un but raisonnable en lui-même, ou tout au moins une origine historique et respectable. Au reste, elle avait une manière de professer tout-à-fait exempte de futilité, de prétentions pédagogiques et de pédanterie ; c'était sa façon, et voilà pourquoi je l'écoutais avec confiance et plaisir. J'ai vécu soixante et quinze ans de plus que cette excellente et sage personne, et je n'ai jamais eu rien à réformer sur tout ce qu'elle m'avait appris.

Il y a pour les enfans bien nés, et surtout pour les garçons, des habitudes de famille que rien ne saurait remplacer. — Donnez votre place à Monsieur. — Allez baiser la main de votre tante. —

Une autre fois, mon enfant, disait-elle à son fils aîné, vous ne vous asseyerez pas sur un fauteuil, en cercle comme un Seigneur, et plus près de la cheminée que M. le Curé de Saint-Sulpice. Je n'aime pas non plus que vous alliez porter des tasses ou des verres de liqueur à la compagnie. C'est un empressement qui tient du bourgeois, et les habitudes bourgeoises ne valent pas mieux que les habitudes populaires; c'est une variété dans l'espèce, et c'est seulement une autre manière d'être gauche avec de la prétention de plus. Lorsque vous allez vous trouver tout seul à votre ménage de garnison, où votre père a décidé que vous auriez un maître-d'hôtel, ainsi qu'un cuisinier avec une maison montée, n'oubliez pas d'en faire les premiers honneurs aux ecclésiastiques : d'abord, c'est un hommage à rendre à la religion, mais c'est aussi parce que le clergé est chez nous le premier ordre de l'État. La règle des parlementaires, qui brouillent toute chose en voulant tout compasser, ce serait que les Cardinaux fussent assimilables aux Maréchaux de France, les Archevêques aux colonels-Généraux, les Évêques aux Brigadiers des camps et armées; et ce serait aussi que les Abbés crossés et mitrés n'eussent que le rang de colonel ou de capitaine de vaisseau, tandis que ces MM. de la robe établissent leurs Présidens de cours souveraines au niveau des Ducs et Pairs. Laissez dire la Magistrature, et ne contestez jamais la prééminence du clergé de France sur la noblesse. C'est à cause de cela que j'ai fait servir aujourd'hui M. le Vicaire de Saint-Roch avant le Comte de Froulay, quoique cet abbé fût allé s'asseoir au bas de la table et malgré que votre oncle ait le cordon bleu. Il est bon d'ajouter à l'expression de ces théories que ma tante savait très-bien s'en relâcher dans la pratique, et par après, elle m'a dit souvent qu'il ne fallait jamais présenter aux enfans que des idées simples et générales, en laissant aux difficultés qu'ils auront à tourner et à l'expérience de la vie, le choix des exceptions. Le Roi vous aura fait ministre, ou la finance vous aura fait millionnaire, grand bien vous fasse, et dînez deux fois ! Mais si, dans votre enfance, on n'a pas appliqué votre attention sur le choix des formules, vous ne saurez jamais prendre garde à rien. Vous appellerez le Roi Très-Chrétien *Votre Majesté;* vous direz *Votre Altesse Royale* à des fils de France, et vous montrerez par là ce que vous dissimulez inutilement, c'est à savoir que vous n'avez pas été bien appris.

La société intime de l'hôtel de Breteuil se composait tout au plus d'une vingtaine d'habitués dont le couvert était mis journellement pour le souper suivant l'usage du temps et l'hospitalité de cette opulente et généreuse maison. Pour vous en donner une idée sommaire, il est suffisant de vous dire que mon oncle et ma tante avaient, seulement à Paris, quarante-quatre domestiques. M. de Fontenelle y venait souper régulièrement tous les jeudis (1). Il

(1) Bernard le Bovier, Ecuyer, Sieur de Fontenelle, secrétaire perpétuel de l'Académie royale des sciences, né à Rouen en 1657, mort à Paris en 1757, âgé de cent ans moins trois mois. Il était

était alors âgé d'environ 45 ans, mais on n'aurait jamais supposé qu'il en eût plus de 36. C'était un grand et bel homme de cinq pieds huit pouces, de la plus régulière et la plus agréable figure, avec l'air doux et fin. Il avait une physionomie candide et gaie surtout. Il avait été l'homme du monde le mieux fait, et bien qu'il eût pris l'habitude de marcher voûté, il y avait encore dans sa démarche et tous ses mouvemens une grâce noble et décente; enfin toute sa personne était d'une aménité courtoise et tout-à-fait particulière. Je vous puis assurer que Fontenelle était la bienfaisance et la charité même; il donnait tous les ans pour les pauvres, au curé de sa paroisse, environ le quart de son revenu, et je n'ai jamais compris qu'on ait pu l'accuser d'égoïsme et d'insensibilité. Il a conté devant moi cette ridicule histoire des *asperges à l'huile;* mais c'était comme venant d'arriver à je ne sais quel docteur de Sorbonne, et c'est quarante ou cinquante ans après que Voltaire a eu la perfidie de la reproduire comme si Fontenelle en avait été le héros. — Comment peut-on vous accuser de manquer de sensibilité, mon cher et bon Fontenelle? lui disait un jour ma tante. — C'est parce que je n'en suis pas mort encore, répondait-il en souriant. Il avait la plus grande confiance et la plus tendre estime pour les fraises Il avait eu régulièrement toute sa vie la fièvre au printemps. — Si je puis arriver jusqu'à

---

neveu de **Pierre Corneille** et le parent éloigné de Mademoiselle de Scudéry. *(Note de l'Auteur.)*

la saison des fraises... Il a eu le bonheur d'y parvenir 99 fois, et c'est à l'usage des fraises qu'il a toujours rendu grâces de sa longévité. Je pourrais vous citer une foule de choses charmantes à propos de Fontenelle ; mais on les a déjà recueillies, et je tâcherai toujours de ne vous rapporter rien de ce que vous pourrez avoir appris par ailleurs. Je vous dirai seulement une anecdote que Voltaire répétait souvent, et que Fontenelle racontait aussi, ce qui est d'une autre autorité pour moi que celle de Voltaire. La Fontaine étant bien malade et venant de recevoir ses derniers sacremens, demandait à sa bonne amie, Mme Cornuel (c'est la même dont parle Mme de Sévigné), s'il ne serait pas convenable et bien à propos qu'il se fit porter sur un tombereau, en chemise et les pieds nus, avec la corde au cou, jusque devant le portail de Notre-Dame, où il serait censé faire *amende honorable* pour ses contes ? — Il faudra seulement me trouver quelqu'un pour porter ma torche, car je n'aurai pas la force de la soutenir, et j'aimerais assez que ce fût un des grands laquais de notre voisin le Président Nicolay ? — Tenez-vous tranquille et mourez tranquille, mon bon homme, lui répondait la vieille Cornuel. Vous avez toujours été bête comme une oie. — C'est bien vrai, reprenait La Fontaine, et c'est bien heureux pour moi ! J'espère que le bon Dieu va me faire miséricorde à cause de cela. Ne manquez pas de dire à tout le monde que j'ai péché par bêtise et non par malice ; ce sera toujours moins scandaleux, n'est-il pas vrai ? — Veux-tu bien me laisser tranquille et mourir en paix ! s'écriait l'autre.... Le Chevalier de la Beslière avait dit à Fontenelle que le confesseur de La Fontaine et tous les assistans avaient fini par en rire aux éclats, et que les dernières paroles du *bon homme* avaient été ceci : « Je vois bien que je » suis devenu plus bête que le bon Dieu n'est saint, » et c'est beaucoup dire ! »

Le Marquis de Dangeau venait quelquefois souper à l'hôtel de Breteuil, mais il était ligaturé dans une telle discrétion que je ne saurais véritablement que vous en rapporter, sinon qu'il était pour moi le plus inquiétant personnage de la terre, et que j'avais toujours la frayeur de faire ou dire en présence de lui quelque chose qu'il aurait désapprouvé. On disait alors qu'il écrivait ses mémoires, et quand je les ai vu paraître, ils ne m'ont semblé ni plus intéressans ni moins insignifians que leur auteur. Le Marquis de Dangeau n'avait pas moins de vanité que d'ambition ; mais comme sa vanité n'avait rien d'offensif et son ambition rien d'hostile, on s'en moquait un peu, si vous voulez, mais c'était sans intention dénigrante, et d'ailleurs on estimait en lui la véracité, la bienveillance et la parfaite sûreté du caractère. Quand il reçut le collier du Saint-Esprit, il en pleurait de joie pendant la cérémonie ; et quand le Roi, qui s'en divertissait, lui délégua sa grande-maîtrise de l'Ordre de Saint-Lazare, il en prit une grosse fièvre de nerfs, en résultat de son émotion.

« La noblesse, Dangeau, n'est point une chimère... »

On est fâché que ce soit à lui que Boileau Despréaux se soit adressé pour afficher une si belle découverte. Mme de Montespan racontait que ce même Dangeau lui avait dit une fois, en signe de noblesse, — je veux être *décapité*, si…, au lieu de — je veux être *pendu !* ce qui dit pourtant beaucoup plus et vaut beaucoup mieux en fait d'imprécation gentilhommière ! Philippe de Courcillon, Marquis de Dangeau, Comte de Merle et de Civray, Vicomte de Saintré, Baron de Sainte-Hermine, Saint-Amand, Bressuire et autres lieux, Chevalier des Ordres du Roi, Chevalier d'honneur de Madame la Dauphine, Grand-Maître des Ordres Militaires et Hospitaliers de Notre-Dame du Mont-Carmel et Saint-Lazare de Jérusalem, Gouverneur de Touraine et Conseiller d'état d'épée, l'un des quarante de l'Académie française, etc., est mort à Paris en 1720, âgé de 86 à 87 ans, car c'était encore un de mes contemporains qui n'avait jamais eu d'acte de naissance et qui ne savait pas trop bien son âge ? Poursuivons ma *biographie* des contemporains, comme on dit aujourd'hui.

Le vieux Duc de Saint-Simon, qui nous venait seulement en visites et qui ne soupait jamais hors de chez lui, afin de ne jamais rendre à souper, fabriquait aussi des mémoires, et comme il a protesté, moi présente, et plus de cent fois, qu'il n'en était rien du tout, vous pouvez juger l'estime que je fais de sa véracité ! C'était un vilain corbeau malade, desséché par l'envie, dévoré d'ambition vaniteuse, et toujours perché sur sa couronne de Duc. Jean-Baptiste Rousseau comparait ses yeux à *deux charbons éteints dans une omelette,* et la trivialité de cette comparaison n'ôte rien à sa vérité. Je me souviens que deux jours après mon mariage, il attacha sur moi ses deux petits yeux sataniques, en me disant de ses lèvres serrées et de sa bouche plate comme un coup de sabre, qu'il me complimentait avec justice et sincérité, parce que M. de Créquy était un homme *de bonne maison*. Je trouvai la formule impertinente, et je me rappelai fort à propos qu'il avait mal parlé de la naissance de MM. de Breteuil, que je faisais profession d'honorer. Je lui répondis qu'il avait acquis bien de l'indulgence, attendu que MM. de Créquy n'étaient plus titrés comme Ducs, et ceci, GRACE A DIEU! On n'a jamais vu d'agitation corporelle et de contraction faciale à l'égal de ce que ceci lui fit éprouver. On aurait dit qu'il allait tomber en convulsion!...

Le véritable nom de M. le Duc était Louis *Le Borgne,* dit de Rouvroy et même de *Vermandois,* ce qui en aurait fait une manière de Prince. C'était son père qui avait été créé Duc par une inconcevable imagination du Roi Louis XIII, et c'est à cela que leur famille a dû son illustration. Il appert de l'*Histoire des grands-Officiers* du Père Anselme, qui est le livre des livres, qu'en tendant leur corde généalogique autant que possible, ils n'ont jamais pu se guinder au-delà d'un *Mathieu le Borgne,* dit de Rouvroy (à ce qu'ils supposent, et bien qu'il ne soit pas qualifié seigneur de ce fief), lequel Mathieu le Borgne vivait à la fin du quatorzième siècle. On voit qu'il n'y a pas là de quoi faire les superbes, mais l'orgueil est comme un général prudent qui renforce la garde aux postes faibles. Après avoir affiché la plus grande austérité de principes, l'auteur des mémoires de Saint-Simon a fini par devenir un des conseillers les plus intimes de M. le Régent, ce qui dénote au moins une grande souplesse de caractère. Mme de Bassompierre, sa petite-fille et son unique héritière, a vendu au Roi Louis XV le manuscrit de ses mémoires. Ils appartiennent aux archives des affaires étrangères, et l'on dit qu'ils sont écrits dans un esprit si déloyal et si outrageant qu'il ne sera jamais possible de les publier en entier. Ce Duc de Saint-Simon, dont la postérité se trouve éteinte, était né, je crois bien, sous le règne de Louis XIII ou peu s'en fallait; et comme il n'est mort qu'en 1755, il a eu le temps de forger bien des calomnies et d'écrire bien des mensonges.

Jean-Baptiste Rousseau, qui avait la figure d'un Silène et la tournure d'un vigneron, venait aussi quelquefois *dîner* à l'hôtel de Breteuil, et non pas *souper*, ce qui n'aurait pas été de convenance. On était transporté de ses odes, et mon oncle l'avait pensionné de 600 livres que nos cousins lui faisaient payer en Flandres, après son exil et son procès, dans lequel Saurin s'était conduit avec la dernière indignité. Voltaire a dit, je ne sais pourquoi, dans son épître à Mme du Châtelet :

> « Ce vil Rufus, que votre illustre père
> » Avait tiré du sein de la misère,
> » Et que j'ai vu, serpent envenimé,
> » Mordre le sein qui l'avait ranimé. »

Si Voltaire a pu voir ceci, c'est à lui tout seul, car ce malheureux poëte lyrique, que j'ai toujours cru fort injustement condamné, écrivit encore de

Bruxelles aux enfans de mon oncle, son bienfaiteur, environ huit jours avant sa mort (celle du poète), en leur exprimant sa reconnaissance et ses derniers vœux, de la manière la plus respectueuse et la plus attendrissante. En fait de supercheries de la part de M. de Voltaire, j'en aurai bien d'autres à vous citer!

Milord-Maréchal, pourquoi ne vous dirais-je rien de Milord-Maréchal, puisque toutes les personnes qui vous parleront de l'affection qu'il m'avait inspirée, seront obligées de convenir que nous avons toujours été parfaitement respectables aux yeux l'un de l'autre? Milord-Maréchal, je n'écrirai jamais ce nom-là sans émotion, était, lorsque je le vis chez mon oncle, un bel Écossais de 24 ans, sensé, sensible et sérieux. Il arrivait d'Angleterre avec une mission des jacobites anglais près des réfugiés, et c'était à l'hôtel de Breteuil qu'il avait des entrevues politiques et qu'il donnait ses rendez-vous aux Ducs de Perth et de Melfort, ses oncles. Si vous voulez avoir une idée de sa figure, vous pouvez regarder ce charmant portrait du beau Caylus, favori de Henri III, dont vous avez hérité du Connétable de Lesdiguières et qui se trouve encore parmi nos tableaux dans son cadre de vermeil incrusté d'améthystes. (Soit dit en parlant de ce portrait, que Henri III l'avait oublié dans son oratoire à Chenonceaux, et que ce fut la Reine Louise de Vaudémont, sa veuve, qui en fit présent au Connétable). Le jeune Lord devint amoureux de votre grand'mère, qui était alors une jeune fille, et qui n'était pas non plus dépourvue d'agrémens, à ce qu'on disait autour d'elle. Nous commençâmes par nous regarder avec une surprise inquiète, avec intérêt, ensuite avec émotion. Nous nous écoutâmes ensuite parler sans pouvoir prendre sur nous de nous adresser la parole, et puis nous n'osions plus parler du tout en présence l'un de l'autre parce que la voix nous tremblait d'abord, et finissait bientôt par nous manquer. En définitive, il me dit un jour à propos de rien : — Si j'osais vous aimer, me le pardonneriez-vous? — J'en serais charmée! lui répondis-je.... Nous retombâmes tout aussitôt dans un profond silence, en nous regardant le plus souvent possible, avec un air de félicité parfaite, et nous continuâmes à nous regarder sans nous parler pendant six semaines ou deux mois, avec un ravissement toujours nouveau.

Ma tante avait trouvé bon qu'il me donnât quelques leçons de langue espagnole, et non pas anglaise, en vérité! car personne ne se serait avisé d'apprendre l'anglais dans ce temps-là, non plus qu'aucune autre langue au nord de soi. Les gens du nord apprenaient le français, mais les Français n'apprenaient jamais que la langue italienne ou le castillan. On se tournait tout naturellement du côté du midi, du bon vin, du beau soleil et des climats prospères, ainsi que les barbares et les conquérans. C'est un penchant naturel et raisonnable, à mon avis. Le Maréchal de Tessé disait souvent que l'étude ou la science des langues *vivantes* doit être réglée d'après la mappemonde, et que ce doit être une affaire de latitude. Comme les nations qui tendent ou prétendent à la parfaite civilisation sont bien aises de connaître l'histoire et la littérature des pays qui leur sont méridionaux, et qui ont été civilisés les premiers, ils ne manquent jamais d'en apprendre les langues, tandis qu'ils n'estiment et n'apprennent point les dialectes qui se trouvent derrière eux. Ainsi l'on voit que la plupart des nobles russes savent parler toutes les langues de l'Europe, y compris la polonaise, tandis que les gentilshommes polonais parlent tous les dialectes européens, à l'exception du moscovite qui est à leur septentrion. En Allemagne, on n'apprend pas plus le polonais que le russe, mais il n'est pas un Allemand bien né qui ne sache le français, l'italien, l'espagnol et quelquefois même l'anglais, tandis qu'il n'est rien de si rare que de trouver un Espagnol ou un Italien qui se soit donné la peine d'apprendre la langue française et surtout l'anglaise. Mesdames de Maintenon, de Lafayette, de Sévigné, de Montausier, de Villars et de Caylus, peuvent être considérées comme les modèles de la parfaite éducation suivant l'ancienne méthode : elles ne savaient assurément pas un mot d'allemand ni d'anglais, mais elles n'avaient pas manqué d'apprendre l'espagnol et l'italien, et même de les bien apprendre, ainsi qu'il appert de leurs œuvres (1).

Milord Georges parlait l'espagnol et l'italien tout aussi bien que le français, c'est-à-dire en perfection. Il venait s'asseoir sur un pliant derrière le mien, car une demoiselle de mon temps ne s'installait jamais sur une chaise à dossier, et sur un fau-

---

(1) Je voudrais qu'il en fût ainsi de mes nièces du Châtelet et de Lauzun, qui mâchent de l'allemand et qui sifflent de l'anglais que personne ne saurait comprendre. *(Note de l'Aut.)*

teuil encore moins. Comme les leçons qu'il me donnait ne se prenaient jamais que dans le grand salon de l'hôtel de Breteuil, sous les yeux de ma tante et en présence de vingt personnes, il ne fut pas raisonnable à ma cousine Émilie d'en paraître offusquée, et ceci ne manqua pourtant pas d'arriver.

Milord Georges m'avait traduit en français, et suivant la méthode anglaise, en vers blancs, c'est-à-dire sans rimes et non pas sans raison, comme vous allez voir, un charmant quatrain que son père avait fait pour lui, et que je vous applique souvent dans ma pensée :

» Quand vos yeux, en naissant, s'ouvraient à la lumière,
» Chacun vous souriait, mon fils, et vous pleuriez.
» Vivez si bien, qu'un jour, à votre dernière heure,
» Chacun verse des pleurs et qu'on vous voie sourire. »

Il me racontait un soir avec assez d'enjoûment l'aventure d'une riche héritière hollandaise qui s'était enfuie avec un Anglais orangiste, et dont les parens venaient de faire mettre dans les journaux de Londres, que, si elle ne voulait pas revenir auprès de sa famille désolée, ils la priaient au moins de leur renvoyer la clé de leur boîte à thé qu'elle avait emportée; ce qui me fit rire, et ce qui fit supposer à Mlle de Preuilly que nous nous moquions d'elle, à qui nous ne pensions pas. Émilie en fit ses remarques d'envieuse, et ceci décida le jeune Lord à faire sa proposition de mariage, qui fut sur-le-champ soumise à mon père, à ma grand'mère (dont je vous parlerai tout à l'heure) et à ma tante de Breteuil-Charmeaux, la poltronne, qui se mit à jeter les hauts cris parce que le Maréchal d'Écosse devait être protestant! Je n'en avais pas eu l'idée! Ce fut une révélation subite et si poignante pour moi que je n'y saurais penser, encore aujourd'hui, sans frémissement et sans compassion pour la souffrance qu'elle me fit éprouver. On apprit qu'il était calviniste : il le dit lui-même, et le ciel est témoin que je n'éprouvai pas alors une minute d'hésitation. Je refusai la main de Milord-Maréchal, et deux jours après il était reparti pour son pays, où sa douleur et ses entreprises *inspirées par le désespoir*, écrivait-il à ma bonne tante, avaient eu pour effet de le faire condamner à l'échafaud. Voilà, mon cher enfant, la seule inclination de ma vie qui n'ait pas été pour M. de Créquy, avec qui, du reste, j'ai eu la bonne foi d'en causer en toute sincérité.

Lorsque nous nous sommes revus, le Maréchal et moi, après tant d'années de séparation et d'apparent oubli, nous fîmes une découverte dont nous fûmes tous deux également surpris et touchés. Nous n'avions jamais cessé de penser l'un à l'autre ; nos cœurs avaient été si profondément pénétrés, qu'ils en étaient restés remplis d'un sentiment douloureux d'abord, et puis infiniment doux. Il paraît que, pour aimer à tout jamais, il n'est rien de tel que de s'être aimé véritablement et d'en être restés là. On n'avait pas eu le temps de montrer ses défauts, on n'a pas souffert des imperfections l'un de l'autre ; on est resté réciproquement dans une illusion que l'expérience n'a pu détruire ; on s'est complu dans une idée de perfection qui vous sourit toujours avec une douceur ineffable ; et quand on vient à se retrouver ensemble à l'autre extrémité de la vie, quand on se revoit sous des cheveux blanchis avec sagesse et dignité, on éprouve alors une émotion si tendre, si pure et si solennelle, qu'on n'y saurait certainement comparer aucun autre sentiment, aucune autre impression de l'humanité. Cette visite que me fit le Maréchal d'Écosse eut lieu en présence de Mme de Nevers, qui en fut émue jusqu'au fond des entrailles. Vous étiez né, mon cher petit-fils, et le Maréchal était devenu septuagénaire. — Écoutez, me dit-il, écoutez les seuls vers français que j'aie jamais faits, et peut-être les seuls vers de reproche qu'on ait jamais faits pour vous.

» Un trait lancé par caprice
» M'atteignit dans mon printemps.
» J'en porte la cicatrice
» Encor sous mes cheveux blancs.
» Craignez les maux qu'amour cause,
» Et plaignez un insensé
» Qui n'a point cueilli la rose,
» Et que l'épine a blessé. »

Il était tombé sur sa joue vénérable, et de ses yeux si fiers, une ou deux larmes.........

— Allez-vous déjà retourner auprès du Roi de Prusse? lui dis-je; serons-nous séparés pour toujours, et ne vous convertirez-vous point? — Je suis et serai des vôtres après comme avant ma mort, me dit-il avec une simplesse admirable. Je vous ai trop aimée pour n'avoir pas embrassé votre religion, cette religion à qui vous avez eu la force de sacrifier?.......
Mais, poursuivit-il en souriant, je suis devenu catholique; et bon catholique, en esprit et en vérité!......

Cette affirmation d'un si noble vieillard a fait la douceur et la joie du reste de ma vie.

Milord Georges Keith d'Athry était Maréchal héréditaire et premier Comte et Pair du royaume d'Écosse. Il était Chevalier de la Jarretière et Grand'-Croix de l'Aigle-Noir. On voit imprimé partout, d'après Dalembert, qu'il était né en 1685; mais il m'a dit souvent qu'il était né le 5 décembre 1686. Il a fini sa vie à la cour et dans l'intimité du Roi de Prusse en 1778. La mémoire de Milord-Maréchal me sera toujours honorable et chère. Mais voilà que je néglige étrangement la chronologie dans mon récit, car il y a bien loin de 1714 à 1756, autant qu'il m'en souvient. C'est ici l'occasion de vous prévenir que je ne me refuserai jamais la liberté de faire une excursion sur le temps futur, non plus que la commodité d'employer la parenthèse. Excusez-moi pour les divagations, et surtout passez-moi l'usage de la parenthèse; je vous demande grâce pour mes parenthèses.

Il est temps d'en venir à ma grand'mère de Froulay qui postillonnait et courait perpétuellement de Paris à Versailles et de Versailles à Paris, parce que l'Abbé de Sainte-Geneviève était malade à Paris, et parce que la Chancelière était malade à Versailles, de sorte que, huit ou dix jours après mon arrivée, on n'avait pas encore pu la rencontrer chez elle afin d'y procéder à ma présentation. — Mademoiselle de Froulay! s'écria-t-elle en m'apercevant, est-il possible que je ne l'aye pas encore vue? J'en suis honteuse et malheureuse!.... Ensuite elle me vint embrasser et me fit une révérence infiniment polie, sans me faire asseoir, attendu que la Duchesse d'Uzès l'attendait au bas de l'escalier pour aller savoir des nouvelles de leur Génovéfain. Il en guérit, et la Chancelière de Ponchartrain en mourut, ce qui fut pour ma grand'mère un *fameux débarras*, comme dit le peuple. Elle était costumée comme au temps de la Fronde, avec cinq rangs de cornettes empoissées. Elle avait un habit ouvert ajusté de millerets sur un bas de robe en toile d'argent où l'on voyait toutes les bêtes de l'arche en broderies de relief. On aurait dit la Duchesse de Longueville, et je n'en pouvais détacher mes yeux (1).

Ma grand'mère ne manqua pas d'arriver deux jours après à l'hôtel de Breteuil pour me rendre ma visite, et pour se concerter afin de me mener à Versailles, où l'on trouvait indispensable que j'allasse rendre mes devoirs au Maréchal de Tessé. Il ne venait presque jamais à Paris, et il avait déjà témoigné le désir de me voir en s'étonnant de ce qu'on ne m'avait pas encore présentée à lui, notre chef salique. Il fut convenu que nous irions à Versailles aussitôt qu'on aurait pu rejoindre mon père, à qui

---

(1) Je vous avais déjà dit que mes grands parents étaient morts avant l'époque de mon entrée dans le monde : ainsi, toutes les fois que je vais parler de ma grand'mère, il est question de Julie-Thérèse Grimaldi des princes de Salerne et de Monaco, Marquise douairière de Froulay. Je crois vous avoir déjà prévenu que j'avais pris l'habitude de l'appeler ma grand'mère, quoiqu'elle ne fût que la deuxième femme de mon aïeul; Philippe-Charles, Marquis de Froulay, Gouverneur du Maine, etc. En outre, elle aurait toujours été notre proche parente, car elle était nièce du maréchal de Tessé, aîné de notre famille. *(Note de l'Aut.)*

ma tante de Breteuil en voulait parler préliminairement comme de raison, mais de son côté, mon père habitait Versailles et ne revenait à Paris que pour y toucher barre et s'en retourner en courant : enfin ce projet-là ne put être effectué que sept à huit jours plus tard.

Le Maréchal de Tessé me parut très affligé de la mort de sa femme, dont il nous parla les larmes aux yeux (1). L'appartement de mon oncle faisait partie de celui de Madame la Dauphine (Duchesse de Bourgogne), dont il avait été le Grand-Écuyer. C'était un beau logement de sept à huit grandes pièces sur le parterre de la Roseraye qui mène aux grands escaliers de l'Orangerie. Je ne crois pas que les courtisans de ce temps-là se fussent accommodés des nids-à-rats et des galetas où nous voyons établis ceux d'aujourd'hui ; mais c'est à votre père à vous parler de son logement dans les combles de Versailles, à titre de grand-officier de Madame, je vous avouerai que je n'ai jamais compris sa résignation.

La défunte Maréchale était proche parente de Mme de Maintenon, attendu que leurs grand'mères, à toutes les deux, étaient des Demoiselles de Vivonne, et de plus, ma grand'mère était la filleule de Louis XIV et de Marie Mancini, ce dont il résultait que mon grand-oncle et ma grand'mère étaient

---

(1) Marie-Françoise-Athénaïs-Angélique d'Aubert d'Aulnay de Ville-Hardouin. Plusieurs dictionnaires la font mourir en 1709 et le 30 mars, afin qu'il n'y manque aucun détail. Elle a vécu trois ans plus tard et n'est morte que le 30 mai 1714. Les généalogistes n'en font jamais d'autres. *(Note de l'Auteur.)*

traités par ce prince et par Mme de Maintenon, avec une familiarité particulière. Le Maréchal nous dit que celle-ci ne désapprouverait sûrement pas la liberté qu'il allait prendre de me conduire à Saint-Cyr où Mme de Maintenon s'était rendue le matin pour y passer la journée, et où, du reste, Mme de Froulay avait toujours eu ses entrées personnelles. Nous dînons, nous allons faire une courte prière à la chapelle, à dessein de me montrer l'édifice. Je n'ose pas espérer qu'on me fasse voir le reste du château, parce qu'il n'aurait pas été bienséant, et je le sentis de moi-même, que je débutasse en ce lieu-là comme une sorte de bayeuse ou de provinciale étonnée; enfin nous descendons par les degrés de l'Orangerie, où nous attendait le carrosse du Maréchal, et nous voilà sur la route de Saint-Cyr.

Au bout de sept à huit minutes, l'équipage est arrêté subito, et voici des laquais à nos livrées qui se mettent à ouvrir les deux portières, et à en abattre les marche-pieds avec précipitation. — C'est le Roi, nous dit mon oncle; et il nous fit descendre sans nous presser, parce que ses gens étaient assez bien dressés pour que le temps n'y manquât pas.

Le carrosse du Roi n'était escorté que par trois mousquetaires en soubreveste et par autant de Chevau-légers. Il était, suivant l'ordinaire, attelé de huit chevaux; il y avait deux Pages aux coquilles du devant, quatre derrière, et le fond des livrées de France était encore en velours d'un bleu d'azur, au lieu d'être en drap d'un vilain bleu foncé comme aujourd'hui. (C'est Louis XV auquel on doit rapporter cette triste innovation, laquelle est d'autant moins facile à s'expliquer que ce Prince-là n'a jamais fait rien par économie.) Le Roi Louis XIV était tout seul au fond de son carrosse, et dès qu'il nous aperçut, le carrosse et le cortége s'arrêtant aussitôt comme par enchantement, S. M. baissa la glace de sa gauche, duquel côté nous étions ; ensuite elle se découvrit pour nous saluer avec une aménité remplie de considération. — Voilà donc le Roi? ce grand Roi! m'écriai-je, les larmes aux yeux. — Ajoutez ce bon Roi, ce Roi malheureux, reprit le Maréchal, avec un accent douloureux et sombre.

En arrivant à Saint-Cyr, nous traversâmes d'abord une grande pièce où se trouvaient le service d'honneur et les pages de S. M., qui s'était allée promener dans les jardins du couvent avec M. l'Évêque de Chartres et quelques autres seigneurs que je n'aperçus point.

Madame de Maintenon se tenait dans une chambre haute, lambrissée de chêne, sans peinture, et meublée tout uniment en point de Bergame. Devant chacun des siéges, il y avait un carreau de tapisserie pour mettre sous les pieds, parce qu'il n'y avait pas même un grand tapis sur le parquet, tant l'ameublement était simple. Mme de Maintenon me fit approcher pour me baiser au front; elle me regarda de l'œil le plus intelligent et le plus doux; ensuite elle se remit à causer avec sa voisine, et j'allai m'asseoir à côté de ma grand'mère, qui me dit que c'était Mme la Duchesse du Maine. — La belle-fille de Mme de Montespan? lui dis-je entre haut et bas, mais pas assez bas pour que mon oncle de Tessé ne l'entendît point. — Mon Dieu! comment se fait-il que vous parliez ici de semblable chose?

me dit le Maréchal, au plus près possible de mon oreille, et tout frémissant d'appréhension. Ma grand'-mère en était restée confondue!.... — Allons, me dis-je, il n'y faut plus songer; la naissance de ce Duc du Maine est un mystère que je n'éclaircira jamais, n'y pensons plus.

Mme la Duchesse du Maine n'était pas précisément folle et n'était pas complètement bossue, mais elle avait dans la taille ainsi que dans le jugement ce qu'on pourrait appeler *un tour d'épaule*. Elle était ce jour-là mal ajustée pour son âge, au moyen d'un habit treillissé de feuilles de vigne en velours noir sur un fond d'or, avec des profusions de perles d'or, en collier, en bracelets, en ceinture, en agrafes et sur ses cheveux.

Le reste de la compagnie n'était composé que du vieux Dangeau et de Mmes de Noailles, de Montchevreuil et de Caylus, qui ne paraissaient pas jeunes et joyeuses, il s'en fallait de beaucoup. On entendit sonner une cloche; Mme de Maintenon se leva, elle nous fit une profonde révérence et nous la suivîmes à l'église où l'on allait donner le salut. Je remarquai, chemin faisant, qu'elle était noblement et modestement vêtue d'une belle étoffe à dessins nattés de couleur feuille morte et d'argent. Elle était coiffée de cornettes, et sa mantille était d'une seule barbe en point, doublée de violet. Madame la Duchesse du Maine et Mme de Maintenon se faisaient une politesse à toutes les portes, où celle-ci passait toujours la première, après un léger simulacre de refus ou d'hésitation qui n'excédait jamais un quart de seconde. Il était impossible de se tirer d'affaire avec plus d'exactitude et moins d'embarras qu'on n'en mettait de part et d'autre à cette petite manœuvre.

A peine étions-nous entrés dans la tribune dite des Évêques, que nous vîmes paraître le Roi dans la tribune royale qui se trouvait en face de l'autel. Il était entré son chapeau sur la tête; c'était un petit tricorne richement galonné, qu'il ôta pour saluer d'abord l'autel, ensuite une lanterne à grillages dorés où était Mme de Maintenon, et finalement pour saluer Mme la Duchesse du Maine avec nous autres, car nous nous trouvions dans la même tribune et sur la même ligne que S. A. S. sans aucun égard à la différence de son rang. Toute la suite de S. M., ainsi que les Dames et les Gentilshommes de la Princesse sa belle-fille, n'entrèrent pas dans la chapelle de Saint-Cyr, ou du moins ils y furent placés de manière à ce que je ne les aperçus point.

Une de mes impressions les plus ineffaçables est celle de toutes ces belles voix de jeunes filles qui partirent avec un éclat imprévu pour moi, lorsque le Roi parut dans sa tribune, et qui chantèrent à l'unisson une sorte de motet, ou plutôt de cantique national et glorieux, dont les paroles étaient de Mme de Brinon et la musique du fameux Lully. En voici les paroles que je me suis procurées long-temps après :

> Grand Dieu, sauvez le Roi !
> Grand Dieu, vengez le Roi !
> Vive le Roi !
> Qu'à jamais glorieux,
> Louis victorieux

>   Voye ses ennemis
>   Toujours soumis !
>   Grand Dieu, sauvez le Roi !
>   Grand Dieu, vengez le Roi !
>   Vive le Roi !

Pour peu que vous en eussiez de curiosité, vous n'auriez pas de peine à vous en procurer la musique, attendu qu'un Allemand, nommé Handel, s'en est emparé pendant son voyage à Paris, qu'il en a fait hommage au Roi Georges de Hanovre moyennant finance, et que MM. les Anglais ont fini par l'adopter et le produire ouvertement comme un de leurs airs nationaux (1). En revenant de Saint-Cyr,

---

(1) Ce n'est pas seulement de la part de Mme de Créquy que la critique s'est exercée sur l'origine du *God save the King*, et sur cette insigne effronterie du compositeur allemand. Deux journaux anglais en avaient déjà parlé dans les mêmes termes. La *Gazette de France* a déjà indiqué plusieurs documens qui s'y rapportent ; enfin, le journal français *la Mode*, numéro du 25 juillet 1851, contient un article dont il ne sera pas inutile de reproduire un extrait.

« On écrit d'Edimbourg que les mémoires manuscrits de la Duchesse de Perth doivent être vendus à Londres pour la somme de trois mille livres sterling. On y trouve une foule de détails intéressans sur la cour de Louis XIV, ainsi que sur celle du Roi Jacques pendant le séjour de LL. MM. BB. au château de Saint-Germain-en-Laye. En rendant compte de l'établissement de Saint-Cyr, elle y témoigne d'un fait qui n'était pas inconnu en France, mais dont la révélation n'était appuyée que sur le témoignage des anciennes religieuses de cette maison, et c'est à savoir que l'air et les paroles du *God save the King* sont d'origine française.

« Lorsque le Roy Très-Chrétien entrait dans la chapelle, tout
» le chœur desdites Demoiselles nobles y chantoist à chaque fois

on me mena faire une longue visite à Mme la Chancelière qui se mourait, et qui n'en avait pas moins toute la cour autour de son lit et dans sa ruelle, où elle nous fit la galanterie de nous faire placer, ma grand'mère et moi (1).

» les parolles suyvantes, et sur un très-bel ayr du sieur de Lully :

>Grand Dieu, sauvez le Roy !
>Grand Dieu, vengez le Roy !
>Vive le Roy !
>Qu'à jamais glorieux,
>Louis victorieux
>Voye ses ennemis
>Toujours soumis !
>Grand Dieu, sauvez le Roy !
>Grand Dieu, vengez le Roy !
>Vive le Roy !

» La tradition de Saint-Cyr portait que le compositeur Handel, pendant sa visite à la supérieure de cette maison royale, avait demandé et obtenu la permission de copier l'air et les paroles de cette invocation gallicane, qu'il aurait ensuite offerte au Roi Georges 1er comme étant de sa composition, etc. »

Indépendamment d'une dissertation plus régulière et plus étendue que nous publierons à ce même sujet, on trouvera dans les pièces justificatives qui feront suite aux *Souvenirs de la Marquise de Créquy,* une déclaration signée par trois religieuses de Saint-Cyr, qui confirme pleinement cette révélation de l'auteur.

(Note de l'Éditeur.)

(1) Marie de Maupeou, femme de Louis Phélippeaux IIIe du nom, Comte de Pontchartrain et de Maurepas, Chancelier de France, etc.; morte en 1714. *(Note de l'Auteur.)*

CHAPITRE V (1).

Cartouche à Paris. — M. d'Argenson. — Le Cardinal de Gèvres. Mme de Stahl. — La Duchesse de la Ferté et son système astronomique. — Le Gouverneur de Paris et ses Pages. — Le Chevalier-du-Guet dévalisé par Cartouche. — Les mousquetaires et les bourgeois de Paris. — Hélène de Courtenay, Marquise de Bauffremont. — Son crédit sur Cartouche. — Lettre de Cartouche à Mme de Bauffremont. — Le diamant et les sauf-conduits. — L'Écu *barré*. — Le titre *biffé*. — L'antipathie des analogues et l'affinité des contrastes. — Jeanne d'Albret. — Un Prince à la potence. — L'étendard du Bas-Empire déployé en Bourgogne. — Entraves pour donner la torture. — Mademoiselle de Constantinople. — Les Pères de la Merci. — Rachat des Captifs grecs. — Le bourreau de Tunis employé par une dame française. — Intrigue relative à l'église de Sainte-Sophie. — Duperie qui coûte plusieurs millions. — Dissimulation d'une jambe coupée, etc.

. . . .
. . . .
. . . .
. . . .
. . . .
. . . . . Pour qu'on eût la plus grande confiance

(1) Il se trouve ici une lacune de 60 à 80 pages qui formaient le commencement de ce chapitre et qui devaient contenir, au moins, les *souvenirs* d'une année. On savait déjà que Cartouche avait fait deux ou trois apparitions à Paris avant sa capture, et

dans le savoir-faire de M. d'Argenson, qui était un lieutenant-général de police incomparable (1), on n'en fut pas moins effrayé quand on apprit ce vol effronté du Palais-Cardinal (2), et l'apparition de Cartouche au milieu de Paris. Beaucoup de familles qui n'avaient pas la ressource d'aller se réfugier à Versailles étaient en disposition de s'en aller dans leurs terres, quoiqu'on fût au cœur de l'hiver; mais on sut bientôt que la troupe de Cartouche était embusquée dans la banlieue de Paris, et que ledit Cartouche, à la tête d'une bande de quarante à cinquante

son procès ne dura pas moins de 19 mois, quoiqu'en ait dit l'auteur de la *Vie de Cartouche* et l'éditeur du recueil des *Causes célèbres*, qui l'a copié. On trouvera plusieurs autres lacunes dans le courant de ces mémoires. On ne pense pas que les cahiers se soient égarés fortuitement; on croirait plutôt qu'ils ont été détruits par un scrupule de conscience, ou par un motif de charité pour la famille d'Orléans. (*Note de l'Éditeur.*)

(1) Marc de Voyer de Paulmy d'Argenson, depuis Garde-des-Sceaux. Il était filleul de la république de Venise, où son père était Ambassadeur de France, et c'est de là qu'il avait acquis ses théories de la police. Tout ce que mon père avait rapporté de la même ambassade était la *Panagia*, sur fond doré, que j'ai fait mettre au chevet de votre lit, mon enfant. La famille d'Argenson, parfaitement noble et fort ancienne, est la seule qu'on ait vue quitter l'épée, dans les temps modernes, pour entrer dans la judicature. Tous ces Voyer d'Argenson sont des gens bizarres.
(*Note de l'Auteur.*)

(2) Le Palais-Cardinal est un bel édifice dépendant de l'hôtel de Soubise, où sont aujourd'hui les archives de la couronne. Il avait été destiné pour l'habitation des Cardinaux, des Princes-Évêques de Strasbourg et des autres prélats de la maison de Rohan. (*Note de l'Éditeur.*)

hommes, avait osé dévaliser le Cardinal de Gèvres, qui s'en retournait à Bourges (1).

Il se trouva, de compte fait, qu'on ne lui avait pris que sa croix pectorale et son anneau pontifical, dix louis qu'il avait dans sa bourse, un pâté de rouges-gorges qu'il emportait dans son diocèse, et, de plus, deux flacons de vin de Tokay qu'il avait gagnés à mon oncle, en jouant au piquet contre lui. Il est bon de vous dire que le Cardinal de Gèvres était très gourmand et prodigieusement scrupuleux (pour un gourmand). Il ne voulait jamais jouer pour de l'argent, dans la crainte de perdre celui qu'il appelait en bonne conscience et avec toute justice le bien des pauvres. Il ne voulait acheter ni des vins superfins, ni des primeurs ; mais il ne se faisait aucune difficulté pour en gagner au jeu ; de sorte qu'il jouait au piquet pour un litron de petits pois de serre chaude, ou pour un flacon de vin de

---

(1) Léon-Charles Potier de Gèvres, Cardinal, Archevêque de Bourges, Patriarche et Primat d'Aquitaine.

Ne le confondez pas avec son neveu le Cardinal Étienne de Gèvres, Évêque de Beauvais, Comte et Pair de France, en cette qualité.

Celui que nous appelions le *Patriarche,* pour le distinguer de son neveu l'Évêque de Beauvais, s'était démis de son archevêché de Bourges par excès d'humilité chrétienne ; il a fini par se retirer au monastère de Saint-Rémy de Reims, dont il était Abbé-Commandataire, et où il se crut obligé de faire maigre le restant de ses jours pour se conformer à la règle de la communauté, qui est de l'ordre de St. Benoît. C'est ainsi qu'il se punit de ses petites sensualités, qui n'avaient scandalisé personne.

(*Note de l'Auteur.*)

Schiraz, qui coûtait douze ou quinze louis. S'il avait le malheur de perdre, il se tirait d'affaire en donnant la collection de ses mandemens et de ses instructions pastorales, dont il apportait, chaque fois qu'il venait à Paris, une cinquantaine d'exemplaires superbement reliés et dorés sur tranche. C'était chose convenue, et chacun s'en arrangeait dans sa famille et dans ma société, parce qu'il était le plus charitable et le plus friand des prélats, le plus candide et le meilleur des hommes. Les bandits ne voulurent rien prendre à l'abbé Cérutti, secrétaire du Cardinal, en disant qu'il était trop joli garçon pour le voler, que ce serait conscience, et qu'ils n'en auraient pas le courage. — Puisque vous avez tant d'égards et de si bons procédés pour lui, leur dit son Eminence, vous devriez bien lui laisser la moitié du pâté de rouges-gorges, avec un flacon de ce vin de Hongrie? — Ah! mon Dieu, répondit Cartouche, à cela ne tienne, et s'il veut partager avec nous, il n'a qu'à venir..... L'abbé Cérutti ne le voulut pas, et c'était des regrets, des reproches et des récriminations pour mourir de rire (1).

Le Cardinal de Gèvres nous dit aussi qu'il ne voyagerait plus avec ce jeune abbé pour ne scandaliser personne, attendu qu'un des voleurs avait eu

---

(1) *Avis de l'éditeur.* On ne saurait garantir que le nom du secrétaire du Cardinal de Gèvres ne soit pas écrit *Cérulli*. Il paraîtrait difficile que ce fût le fameux Cérutti, à cause de l'âge que lui attribuent les biographies. Du reste, il est assez connu que les biographes peuvent se tromper sur les dates, aussi bien que sur l'orthographe des noms, prénoms et surnoms.

l'air de croire que ce pouvait être une demoiselle en-soutane. — Téméraire et malheureux ignorant ! lui avait dit ce bon prélat, ne savez-vous point que ce serait un sacrilége ? et d'où vient, s'il vous plaît, que vous me prendriez pour un pervers et un débauché ?.... Cartouche appliqua sur la figure de son camarade un furieux coup de poing (l'abbé disait un coup de coude) qui le fit tomber à la renverse. — Voilà pour t'apprendre à manquer de respect à Nosseigneurs du clergé ! dit-il en rugissant de colère. Et voyez donc ce porc endiablé qui va s'attaquer au Cardinal de Bourges ! Ne sais-tu point qu'il ne veut pas recevoir ses dîmes quand ses censitaires ont été grêlés ? poursuivit Cartouche en écumant de rage, et lui donnant d'horribles coups de pied dans le ventre !

Je puis vous assurer que la France d'autrefois était bien autrement intéressante et divertissante à observer que celle de ce temps-ci, car on y trouvait du moins des originaux, des originales et des originalités en exposition continuelle, et je puis dire que j'en étais entourée, d'originaux ! D'abord la Duchesse de la Ferté, ma tante, était sans contredit, la plus sérieusement extravagante et la plus curieuse personne qu'on puisse imaginer. Mme de Stahl en a parlé dans ses mémoires, mais elle ne pouvait pas connaître assez bien Mme de la Ferté, qui était Duchesse jusqu'au bout des ongles, et qui, par conséquent, la tenait toujours à distance, sans aucune intention personnelle ou malveillante, mais tout simplement parce que ce n'était que Delaunay. Mme de Stahl avait un talent servation et de narration tout-à-fait piquant, mais pour savoir et pour avoir dit combien sa première protectrice était singulière, il aurait fallu qu'elle eût pu causer familièrement avec elle, et voilà ce qui n'est jamais arrivé. La Duchesse de la Ferté ne trouvait jamais un mot à dire à Mlle Delaunay, à moins que ce fût quelque parole de condescendance et de protection. Celle-ci n'avait donc pu la juger autrement que sur ce qu'elle avait dit devant elle à d'autres personnes; mais pour vous donner une idée de ce que c'était, quand elle ouvrait pour vous les trésors de sa confiance, écoutez l'histoire de ma première visite chez ma tante de la Ferté (1).

Nous savions qu'elle s'était foulé le pied en descendant l'escalier de la surintendance à Versailles; elle s'était fait ramener chez elle à Paris, où nous arrivons, moi derrière ma grand'mère, ayant Mademoiselle d'Armagnac en première ligne; c'est-à-dire avec les deux personnes les plus exactement formalistes de la cour et de la ville, y compris les Présidentes à Mortier (2). Elle était établie sur son estrade et son lit de parade entre quatre colonnes

(1) Marie-Gabrielle-Isabelle-Angélique-Sylvie de la Mothe-Houdancour de Cardonne, Duchesse-Douairière de La Ferté-Saint-Nectaire, morte à Paris, en 1756, âgée de 72 ans.

(2) Charlotte-Agnès de Lorraine d'Armagnac, née le 6 mai 1678, morte le 21 février 1757. Elle était fille du Prince Louis de Lorraine, Grand-Écuyer de France, et de Catherine de Neufville-Villeroy, dont la mère était Madeleine de Créquy.

(*Note de l'Auteur.*)

dorées, sous un dais le plus riche et le plus empanaché, dont la balustrade était fermée. Aussitôt qu'elle eut jeté les yeux sur nous, elle eut l'air de réfléchir si profondément qu'on n'y concevait rien. Elle oublia de nous faire ouvrir sa balustrade, et c'est une impolitesse qu'on voulut bien attribuer à sa distraction. Elle avait environ cinquante ans, et c'était néanmoins la plus belle personne du monde. Ses beaux yeux noirs étaient un peu louches, et je n'ai jamais rencontré de regards aussi dédaigneux et aussi singuliers que les siens. La peau de son visage et de ses admirables mains était un pur ivoire; elle avait un nez grec et délicat qu'elle ne mouchait jamais, mais qu'elle essuyait avec précaution moyennant un petit carré de mousseline. Sa cornette et sa hongreline de dentelle étaient garnies avec des bouffettes de satin gris de perle, et du reste elle était sous un couvre-pieds d'une seule pièce en point de Venise. Je suis persuadée que la garniture de ses draps, qui était en point d'Argentan, valait au moins quarante mille écus.

À peine étions nous assises, qu'on entendit ouvrir les deux battans de toutes les portes de l'enfilade avec un fracas inconcevable, et que nous vîmes apparaître une petite figure qu'on apportait sur un grand fauteuil de velours vert galonné d'argent: C'était une sorte d'image enluminée, grimaçante et peinturlurée comme un joujou de Nuremberg, avec la bouche en cœur et deux petits yeux languissans. Cette étrange figure était habillée d'une étoffe d'argent brodée en chenille verte, et, de plus, elle avait un gros bouquet de verveine à la main. Le fauteuil était porté par quatre géans, habillés en valets de pied; il était environné par cinq ou six petits pages, les plus jolis du monde, et c'était visiblement des enfans de bonne maison, car ils avaient tous la croix de Malte ou celle de Saint-Lazare. Un de ces pages était chargé d'un coussin pour mettre sous les pieds (toujours vert et argent); un autre portait une grosse gerbe de verveine et de rhue verte, afin de purifier l'air; et la petite figure était celle de Monseigneur François Potier de Blancmesnil de Tresme, Duc de Gèvres et gouverneur de Paris (1).

— Pourquoi donc la Duchesse est-elle enfermée dans sa balustrade? se prit-il à dire de prime abord, avec une voix de fausset et en minaudant, sans regarder personne. On dirait, poursuivit-il avec un petit air de coquetterie malicieuse, qu'elle voudrait nous tenir à distance et que nous serions des mendians!

(1) On voit dans tous les mémoires du temps que ce Duc de Gèvres était un des plus singuliers personnages du monde. Indépendamment du gouvernement de Paris, dont il s'occupait en faisant des nœuds et des broderies sur une ottomane, il était en possession d'une charge de premier gentilhomme de la chambre, qu'il n'exerçait jamais, de peur de la fatigue. Il est mort aussi en 1757, et l'on ne saurait imaginer combien de personnes distinguées ou connues moururent cette année-là. Il avait passé les dernières années de sa vie couché sur sa chaise longue, à se dorloter ni plus ni moins qu'une femme en couches. On dit alors qu'il était âgé d'environ 70 ans, mais qu'il était impossible de s'en assurer, parce qu'il avait fait enlever le registre qui contenait son acte de baptême, afin qu'on ne pût savoir son âge. Il était persuadé qu'il n'avait pas l'air d'avoir plus de 22 à 25 ans. Vingt-cinq ans l'auraient désespéré. *(Note de l'Auteur.)*

La Duchesse de La Ferté, qui s'aperçut de la faute qu'elle avait commise, et qui n'était pas fâchée d'une occasion pour donner à M. Potier de Gèvres un petit coup de busc sur les doigts, se mit à dire avec un air de résignation douloureuse : — J'espère que mes cousines auront la bonté de m'excuser, et j'ose implorer votre miséricorde, Monsieur de Gèvres! vous me faites trembler, je vous crois toujours voir sous un Mortier et sur le grand banc de la Tournelle, comme si vous étiez M. votre grand père, et que vous allassiez juger les *pâles humains!*

M. le Duc ne répondit rien, il fit une petite grimace de vieille femme et se mit à sentir son bouquet d'herbes céphaliques : ensuite il demanda qui j'étais? Ma grand'mère lui répondit honnêtement que j'avais l'honneur de lui appartenir, et qu'on avait à me féliciter de cette parenté-là : ce qui vint bien à point pour jeter comme un peu d'eau sur les flammèches et les orgueilleuses fumées de notre parenté.

Au bout de quinze à vingt minutes, on vint enlever M. le gouverneur de Paris, qui s'en alla comme il était venu, avec ses grands valets, ses petits pages et ses petites simagrées (1); ensuite une manière de sacristain vint dire à Madame la Duchesse que son aumônier allait donner le salut du Saint-Sacrement

---

(1) En relisant ceci, je ne suis pas bien assurée que M. de Gèvres fût déjà en possession ou en exercice de son gouvernement de Paris, pour lequel il avait été long-temps survivancier de son père, mais je ne me donnerai pas l'embarras de vérifier une chose qui n'en vaut pas la peine.

(*Note de l'Auteur.*)

dans son oratoire, et si c'est qu'elle ne voudrait pas s'y unir d'intention? — Ma bonne Princesse, et vous, Marquise, allez donc recevoir la bénédiction dans ma chapelle, dit-elle à ces dames; et ce sera d'autant mieux, que j'aurais quelque chose à dire à Mademoiselle de Froulay.

— Ma chère petite, s'écria-t-elle avec un air de bienveillance et d'empressement extraordinaire, vous n'avez pas d'idée combien je m'intéresse à vous! Seriez-vous bien aise de manger des profiterolles? et ce disant, elle se mit à soulever son couvre-pieds qui recouvrait un plat d'argent rempli de pâtisseries. Elle me donna force gâteaux, force conseils, et notamment celui de ne jamais rester assise au clair de la lune. — Il y a des bêtes, me dit-elle, qui croient, en voyant les étoiles filer, que ce sont des âmes qui s'en vont à Dieu; mais pas du tout, ce sont des princes qui naissent. Soyez-en sûre, et n'oubliez jamais ceci, ma belle enfant!........
.... En nous en allant, je ne manquai pas de leur parler de cette belle révélation. — Vraiment, répondit ma grand'mère, elle était bien raisonnable aujourd'hui, car elle a dit l'autre jour à la petite de Châtillon que la lune était une poule noire qui n'était guère plus grosse qu'une marmite. — Elle aura dit une *boule*, et cette petite sotte aura entendu une *poule*, reprit Mademoiselle d'Armagnac, avec un air de considération pour le savoir astronomique de la Duchesse, et sans s'étonner autrement d'une observation lunaire et d'un nouveau système uranographique qui ne lui paraissait ni moins autorisé, ni plus difficile à con-

cevoir que le système de Copernic, ou le système de Ticho-Brahé.

Je trouvai long-temps après dans mes rapports de famille une autre personne assez bizarre, et c'était la Duchesse de Saulx-Tavannes. Celle-ci ne disait pas d'extravagances, mais vous allez voir que les autres n'y gagnaient rien. Elle faisait brûler des plumes de pigeon sur la table et pendant son dîner, pour ne pas sentir ce qu'elle appelait une odeur de cuisine. Elle arrivait chez moi toute emmaillotée dans une douzaine de coqueluchons, dont elle se dépouillait successivement de cinq minutes en cinq minutes; ensuite elle s'écriait qu'on la faisait étouffer, et elle allait s'installer sur une fenêtre qu'elle faisait ouvrir dans une première salle, et sur laquelle fenêtre ouverte elle s'asseyait les jambes en dehors. Elle y commençait par dire ses prières et finissait par s'endormir, tellement qu'elle est tombée deux ou trois fois dans mon jardin : mais c'était du rez-de-chaussée, grâce à Dieu pour elle!

Je n'ai pas oublié Cartouche, et je vous dirai donc qu'on était obligé de ne sortir le soir qu'avec cinq ou six laquais bien armés; et quand on avait à passer les ponts, on s'arrangeait de manière à marcher en caravane et de conserve avec plusieurs autres voitures. Le guet de Paris était sur les dents, et la maison du chevalier-du-guet avait été si bien dévalisée par Cartouche en personne, que ledit chevalier-du-guet, chef de la police de nuit, en était réduit à manger son fricot avec du fer et de l'étain. Tous les jours on apprenait quelque nouvel exploit de Cartouche; et les pauvres personnes dont les valets n'étaient pas assez nombreux ou supposés bien aguerris, se faisaient ramener par nous autres.

Le Major des gardes-françaises ne savait auquel entendre, et ne pouvait suffire à toutes les demandes qu'on lui faisait pour obtenir des sentinelles ou des escortes. Messieurs les Mousquetaires avaient commencé par déployer une activité charmante, mais on s'aperçut bientôt qu'ils faisaient beaucoup plus de bruit que de bon ouvrage; et l'on trouva que la sûreté des marchandises ne devait pas l'emporter sur celle des jolies marchandes et sur la tranquillité des bourgeois de Paris, qui donnaient les Mousquetaires à tous les diables! Enfin, depuis les troubles du temps de la Fronde, on n'avait pas vu dans tout Paris de perturbations et d'effroi pareils.

Mme la Princesse de Conty nous dit un jour que la Marquise de Bauffremont distribuait des laissez-passer pour exhiber aux voleurs de nuit, et qu'on était bien étonné du crédit qu'elle avait sur Cartouche (1).

---

(1) Hélène de Courtenay des Empereurs d'Orient. Elle était la dernière de cette maison qui descendait du Roi Louis-le-Gros et de la Reine Adelaïs de Savoie. Elle avait épousé, en 1712, Louis de Bauffremont, Marquis et Comte de Listenais, Chevalier de la Toison-d'Or, etc. Ce fut en considération de la naissance de Mme de Bauffremont que leurs enfans obtinrent l'agrément du Roi Louis XV pour accepter ou solliciter le titre de Prince du Saint-Empire, qu'ils portent aujourd'hui. Cette illustre héritière était d'une laideur et d'une pauvreté déplorables. Je vous dirai plus tard la singulière histoire de son frère, le Prince Charles-Roger, qui fut le dernier mâle de cette grande maison.

La généalogie des soi-disant Courtenay d'Angleterre est un

Voici la raison des bons procédés de Cartouche envers Mme de Bauffremont.

Elle était rentrée chez elle à deux heures du matin ; et quand ses femmes l'eurent déshabillée, elle ne manqua pas de les renvoyer pour écrire et pour veiller tout à son aise au coin de son feu. Elle écrivait un journal qu'on n'a pas retrouvé dans ses papiers, et c'est grand dommage ! car elle était sans pareille en fait d'intelligence. Elle avait toujours remarqué mille choses auxquelles on n'avait pas pris garde, et qu'on s'étonnait de n'avoir pas observées comme elle. Malheur à tous ceux qui parlaient en sa présence avec l'intention de surprendre leur auditoire ou de lui dissimuler quelque chose ! Fontenelle disait toujours que c'était *la femme aux aperçus lumineux* dont il est question dans les Mille et un Jours. Tant il y a que, pendant cette nuit, elle entendit premièrement un bruit étouffé dans sa cheminée, et qu'elle aperçut bientôt après, dans un nuage de suie, des nids d'hirondelle et des plâtras qui dégringolèrent pêle-mêle avec un homme armé jusqu'aux dents. Comme il avait fait rouler la bûche avec les tisons jusqu'au milieu de la chambre, la première chose qu'il fit, ce fut de prendre

---

fable mal tissue, comme toutes ces prétendues origines françaises dont on voudrait se targuer dans ce pays-là. Walpole me disait toujours qu'à l'exception des Lords de Nevill et d'Harcourt, il n'y avait pas, dans toute la pairie d'Angleterre, une seule famille qui fût effectivement originaire de France et contemporaine de Guillaume-le-Conquérant. Je vous ai parlé de la folle prétention des Seymour, à ce qu'il me semble ?

(*Note de l'Auteur.*)

les tenailles et de replacer méthodiquement tous les tisons dans la cheminée ; il repoussa du pied quelques charbons enflammés, sans les écraser sur le tapis, et puis il se retourna du côté de la Marquise, à laquelle il fit la révérence. — Madame, oserais-je vous demander à qui j'ai l'honneur de parler?

— Monsieur, je suis Mme de Bauffremont, mais comme je ne vous connais pas du tout, comme vous n'avez pas la physionomie d'un voleur, et que vous avez les procédés les plus soigneux pour mon mobilier, je ne saurais deviner pourquoi vous arrivez dans ma chambre au milieu de la nuit et par la cheminée?

— Madame, je n'avais pas l'intention d'entrer dans votre appartement.... Auriez-vous la bonté de m'accompagner jusqu'à la porte de votre hôtel? ajouta-t-il en tirant un pistolet de sa ceinture et en prenant une bougie allumée.

— Mais, Monsieur.....

— Madame, ayez la complaisance de vous dépêcher, poursuivit-il en armant son pistolet. Nous allons descendre ensemble, et vous ordonnerez au suisse de tirer le cordon.

— Parlez plus bas, Monsieur, parlez plus bas ! le Marquis de Bauffremont pourrait vous entendre, reprit cette malheureuse femme en tremblant d'effroi !

— Mettez votre mantelet, Madame, et ne restez pas en peignoir; il fait un froid extraordinaire!

Enfin tout s'arrangea suivant le programme, et Mme de Bauffremont en demeura si troublée, qu'elle fut obligée de s'asseoir un moment dans la loge du suisse, aussitôt que ce diable d'homme eut

passé la porte de la maison. Alors elle entendit qu'on frappait à la fenêtre de la porte qui donnait sur la rue. — « M. le suisse, j'ai fait cette nuit une ou
» deux lieues sur les toits, parce que j'étais pour-
» chassé par les mouchards. N'allez pas dire à votre
» maître que ce soit une affaire de galanterie, ni que
» je sois l'amant de Madame de Bauffremont : vous
» auriez affaire à Cartouche, et, du reste, on aura
» de mes nouvelles après-demain matin, par la pe-
» tite poste. »

Mme de Bauffremont remonta chez elle et fut réveiller son mari, qui lui soutint que c'était un cauchemar et qu'elle avait fait un mauvais rêve ; mais elle reçut, deux ou trois jours après, une lettre d'excuses et de remercîmens tout-à-fait respectueuse et très-bien tournée, dans laquelle était inclus un sauf-conduit pour Mme de Bauffremont, avec un acte d'autorisation pour en délivrer à sa famille. La lettre avait été précédée par une petite boîte qui renfermait un beau diamant sans monture ; et la pierre fut estimée, chez Mme Lempereur, à deux mille écus, que le Marquis de Bauffremont fit déposer pour les malades de l'Hôtel-Dieu, entre les mains du trésorier de Notre-Dame. On voit que dans cette affaire-là tout le monde se conduisit en perfection.

Il y avait une fois dans la capitale d'un beau royaume un gentilhomme qui n'avait pas cent écus de rente, et qui n'en prenait pas moins la qualification de Prince du Sang-Royal.

Tout ce que les Parlemens y pouvaient faire, c'était d'ordonner à tous les Conseillers-Notaires et Clercs-Royaux de leurs juridictions, qu'ils eussent à passer un trait de plume sur cette qualification suprême aussitôt qu'ils auraient pris la peine de l'écrire; il était sous-entendu qu'on s'y prendrait de manière à ce qu'elle restât lisible, et nulle cour souveraine n'aurait voulu sévir plus rigoureusement contre ledit gentilhomme. On appelait cette sorte d'exécution judiciaire *Ordonnance d'avoir à biffer*. La Cour avait beau s'en écrier et s'en irriter, les Parlemens s'obstinaient et la Cour n'y gagnait rien. C'était un grand jeune homme blond comme un Phœbus, avec des yeux noirs admirablement beaux. On disait qu'il avait cent manières de se procurer de l'argent; mais apparemment qu'il en connaissait deux cents pour le dépenser, car il en manquait toujours. Je vous avais promis de vous parler du Prince Charles-Roger de Courtenay, et je vous tiens parole. Il avait toutes les héritières de France les plus riches et les plus nobles à sa disposition. On aurait dit que leurs parens s'y croyaient obligés; chacun cherchait à le tirer d'affaire, et l'on s'en faisait, pour ainsi dire, un cas de conscience. On lui demanda s'il ne consentirait pas à se marier avec moi. Il répondit qu'il aimerait mieux se jeter dans la rivière, attendu que j'avais les yeux noirs et les cheveux blonds. Je vous dirai que, de mon côté, M. de Courtenay m'aurait paru beaucoup mieux s'il avait été différemment. J'ai toujours soutenu que les beaux cheveux noirs et les charmans yeux bleus de M. de Créquy avaient été pour beaucoup dans notre mariage. Le Prince dont je vous parle épousa bientôt Geneviève de Bretagne, Comtesse de Vertus et d'Avaugour, laquelle avait eu des trésors en héritage après la mort de son grand-père (le **Président de la Grange-le-Lièvre**). Elle était noire et chétive, et du reste elle n'était guère plus riche que moi.

Il faut vous dire que le vieux Prince de Courtenay vivait encore et se tenait à Cézy, dont on avait fait en son honneur une espèce de Comté de pièces et de morceaux, pour qu'il eût à sa disposition seigneuriale au moins quelques justiciers, une prison, des menottes, une potence, enfin une juridiction féodale, agréable et rassurante. On disait qu'aussitôt qu'il fut en possession de son droit comital, il avait commencé par faire confectionner une admirable collection de brodequins pour donner la torture et la question judiciaire. Toujours est-il qu'il entendit raconter au fond de son Auxerrois que Monsieur son fils allait accepter le cordon-bleu, quoiqu'il eût passé l'âge où les princes Français le reçoivent. On lui dit que le Prince Charles-Roger s'était engagé par écrit à retrancher de ses armoiries l'écu de France, que ces petits-fils légitimes du Roi Louis VI avaient le droit et la prétention d'y placer au premier quartier. Le père en tomba malade de chagrin; il se coucha sous la tente de l'Empereur Baudouin de Courtenay, qu'ils faisaient toujours déployer pour achever les épousailles et pour se faire administrer l'extrême-onction. On écrivit au fils de la part du malade, et le voilà parti pour Cézy. Il entra sous la tente impériale de ses grands-pères, qui se trouvait tendue dans le milieu d'une salle immense dont toutes les ouvertures étaient fermées à la lumière du jour. On entrevoyait un vieux Labarum, ou je ne sais quelle bannière de Byzance, au chevet de la couché. Le vieux prince était couvert d'un grand linceul; il avait l'air et la voix d'un mourant, et la scène était éclairée seulement par quelques cierges qui étaient placés sur une sorte d'autel avec des reliquaires.

— Je me rends à vos ordres, Monseigneur...— Ah! c'est vous, Monsieur! J'ai des choses importantes à vous dire; écoutez-les paisiblement, lui dit son père, et promettez-le-moi. Celui-ci promit tout ce qu'on voulut, et le vieux Prince se mit à le sermonner sur la nécessité de ne plus se raidir contre les Bourbons, qui ne consentiraient jamais à lui former un apanage, à moins qu'il n'eût réduit ses armoiries à l'écusson de Courtenay proprement dit (1).

— Voyez la misère où l'obstination nous a fait tomber, disait son père; et n'oubliez pas qu'une de nos grand'tantes n'avait su trouver rien de mieux à faire que d'épouser un paysan (2). Son fils restait immobile.

(1) *D'or à trois tourteaux de gueules.* Il est à noter que Robert de France, sixième fils de saint Louis, n'abandonna pas ses armoiries patronymiques (qui étaient celles de France) en épousant l'héritière des Sires de Bourbon, tandis que Pierre de France, cinquième fils du Roi Louis *le Gros*, avait quitté les siennes en s'alliant à l'héritière Isabelle de Courtenay. C'était la raison qu'opposait le juge d'armes au rétablissement des fleurs-de-lys dans les armes des Courtenay, attendu qu'ils les avaient reprises sans en avoir obtenu ni voulu solliciter l'aveu du Roi T.-C., leur chef de famille et leur souverain seigneur. *(Note de l'Auteur.)*

(2) Nicolas Restif, aïeul d'Edme-Nicolas Restif de la Bretonne auteur des Contemporaines et du Paysan perverti, mort à Paris, en 1804, âgé de 70 ans. *(Note de l'Éditeur.)*

— Souvenez-vous que la reine Jeanne d'Albret, dont le grand-père n'était qu'un gentilhomme, était sur le point de faire pendre...

— N'achevez pas, Monseigneur! n'achevez pas! je n'écouterai jamais le récit d'un pareil outrage, fût-ce de la bouche de mon père!

— Mais s'il en est ainsi, reprit le vieillard, vous ne consentirez donc point à diffamer nos armes, et vous n'accepteriez pas l'ordre du Saint-Esprit, passé l'âge de quatorze ans?...

— Jamais! jamais!

— Monsieur, répliqua vigoureusement son père en se mettant sur son séant, c'est une résolution qui vous fait honneur, et, du reste, elle est heureuse pour vous; car, ajouta-t-il en tirant un pistolet de dessous son linceul, si je vous avais vu faiblir, j'allais vous faire sauter la cervelle, et nous aurions vu si le petit-fils de Jeanne d'Albret m'aurait fait pendre!... Dans tous les cas, c'est vous qui en auriez eu la conscience chargée, car on n'est pas moins en obligation de veiller à la conduite de ses héritiers qu'à l'honneur de ses devanciers.

Il vous faut dire que le vieux Courtenay n'était pas plus malade que je ne le suis à présent, et qu'il a vécu douze ou quinze ans peut-être, après cette parade grégeoise, toujours dans son castel de Cézy, avec ses courtines du Bas-Empire et ses brodequins bourguignons.

Mme de Bauffremont et son frère avaient eu jadis une tante de Courtenay que je n'ai pas connue, mais dont les étrangetés sont restées dans la mémoire de tous ses contemporains (1). Elle était riche à millions, celle-ci, et c'était par suite d'un legs qui lui était provenu de je ne sais quel prince grec, qui l'avait entrevue à Paris, et qui s'avisa de la faire sa légataire universelle en arrivant au Phanar, où il mourut quelque temps après (2). Ne croyez pas qu'elle en fît part à sa famille, au moins! Elle n'aurait pas voulu donner seulement une pistole à son neveu le pauvre Charles-Roger, parce que tout l'argent qu'on lui donnait, disait-elle, était habituellement pour lui une *occasion prochaine* de péché. C'est tout ce qu'elle savait de théologie. « La théologie « n'est pas la science de tout le monde : les sots s'en « embêtent et les mauvais s'en empirent. » J'ai souvent eu l'occasion de répéter ceci pendant toute ma vie, et surtout pendant les disputes sur le formulaire et sur le diacre Paris.

Notre Lucrèce-Angélique se faisait appeler Mademoiselle de Constantinople, comme on aurait dit Mademoiselle de Chartres ou Mademoiselle de Blois. C'était sûrement là ce qui avait séduit l'Hospodar? et cette étrange fille avait trouvé moyen de faire ainsi

(1) Lucrece-Angélique de Courtenay, née vers l'année 1640, morte à Paris, en 1699. (*Note de l'Auteur.*)

(2) Le nom de ce Prince grec était Démétrius Cantacuzène, et son oncle étoit Despote de Servie. On voit dans une note du Président Cousin que le principal motif de ses dispositions testamentaires en faveur de Mlle de Courtenay, avait été celui de soustraire sa fortune à la rapacité du fisc ottoman, en la mettant sous la sauve-garde de l'Ambassadeur de France à Constantinople. (*Note de l'Éditeur.*)

tomber dans le grotesque une illustration de famille et des souvenirs historiques, qui naturellement n'auraient jamais abouti dans le ridicule, en vérité! Le petit Prince de Mecklembourg avait fait son possible pour l'épouser. — Allons donc! sacrifier sa liberté! c'était comme la belle Arsène. Elle avait eu de son Prince grec environ quatre à cinq millions de livres tournois en belles et bonnes espèces, qu'elle n'avait jamais voulu placer. On n'a trouvé rien qui vaille après sa mort; et vous allez voir comment elle employait son argent.

Elle avait loué pour elle toute seule l'ancien hôtel de Blanchefort, rue Saint-Antoine, auprès de la Bastille; et tous les soirs, elle faisait éclairer de la cave au grenier, cet immense et vieux palais dont elle ne sortait pas dix fois par an, et où l'on ne voyait jamais entrer âme qui vive, ce qui faisait dire à ses voisins les faubourgeois qu'on y tenait le Sabbat. Elle ne recevait jamais que Mme de Bullion (d'Esclimont), qui était une autre folle, et puis le Chevalier Turgot, parce qu'il était son filleul. C'est lui qui nous a conté ce que j'en rapporte ici.

En premières lignes de son livre de comptes, elle avait fait racheter en Barbarie au moins deux mille captifs chrétiens, mais toujours des Levantins et jamais des Francs. Les Révérends Pères de la Merci ne voulaient pas se charger du rachat des Grecs schismatiques, en disant avec raison que leurs vœux les astreignaient à l'obligation de s'occuper avant toute chose de la rédemption de nos frères, et que la tâche excédait déjà leurs force et puissance.

Elle éclatait en imprécations contre les Mathurins, elle envoyait son argent à des renégats qui ne rachetaient personne, et qui lui écrivaient en langue arabe, ce qu'elle prenait à chaque fois pour une nouvelle pancarte de délivrance ; enfin le Bourreau de Tunis était son commissionnaire et son fondé de pouvoir en Mauritanie, ainsi vous pouvez juger comment son argent s'y trouvait bien employé? On a pensé qu'elle avait eu la folle idée de se faire un parti parmi les Grecs, mais, à vrai dire, on ne sait ce qu'elle avait dans la cervelle. Il y avait encore un Juif arménien qui s'était établi dans sa confiance, et qui poursuivait pour elle une autre négociation dispendieuse et difficile, attendu qu'il ne s'agissait de rien moins que d'obtenir du Sultan, du Grand-Visir et du Muphti, la cession de la Basilique de Sainte-Sophie de Constantinople en faveur de ladite Princesse Lucrèce-Angélique de Courtenay. C'était une affaire en bon train quand elle est morte; et, disait-elle à son filleul : — Il est assez naturel que toute ma fortune y soit engagée, d'où vient que je ne vous pourrai laisser que mes papiers. Comme elle avait écrit sur son entreprise et son espérance de *retraire féodalement* l'église de Sainte-Sophie, à M. de Nointel, Ambassadeur de France à la Porte, celui-ci ne manqua pas d'en écrire à Versailles, et le Roi Louis XIV fit conseiller à son neveu de la faire interdire ; mais Charles-Roger répondit qu'il ne s'en mêlerait en aucune sorte, et qu'il ne l'empêcherait jamais de faire avec son argent tout ce qu'elle voudrait. M. le Chancelier le fit inviter à passer chez lui pour se concerter là-dessus. Charles-Roger se rengorgea de la belle manière, et fit demander à M. le Chancelier s'il comptait se tenir debout pour le recevoir, et si c'ést qu'il avait l'intention de le reconduire jusqu'au *Drap d'or?* (c'est-à-dire jusqu'à la deuxième antisalle du Chancelier, qui est toujours tapissée de drap d'or, et où la main de justice est suspendue sous un baldaquin fleurdelisé). M. de Pontchartrain, qui ne pouvait se lever de son siège que pour recevoir les cardinaux, et qui ne devait reconduire que les Princes du sang, ne fit aucune réponse définitive à M. de Courtenay, en se retranchant dans l'incertitude et l'indécision du parti que prendrait S. M. relativement aux prétentions du neveu et aux aberrations de la tante.

On découvrit après sa mort qu'elle avait une jambe de moins, ce que tout le monde ignorait dans sa famille, et ce que personne ne savait dans sa maison, à la réserve de ses deux premières femmes (1).

---

(1) M. de Saint-Simon s'en allait disant partout que le Prince de Courtenay s'était tué d'un coup de mousquet, mais ce n'était qu'un mauvais bruit qu'il avait accueilli favorablement. Je n'ai pas vu qu'il en ait osé parler dans ses Mémoires.

(Note de l'Auteur.)

Ce fait est rapporté dans la dernière édition des Mémoires de Saint-Simon, tome VIII, Paris, 1829. *(Note de l'Editeur.)*

CHAPITRE VI.

Galanterie de Louis XIV envers l'auteur. — Même politesse de Bonaparte envers l'auteur, à 85 ans de distance.— La mère du Régent. — Son portrait. — Introduction de la choucroute en France. — Ragoûts d'Allemagne. — Le tabac d'Espagne avec du melon.— Emploi de la momie dans la pharmacie.— Le chien révélateur de l'âge. — Il est battu par la Duchesse d'Elbœuf, qui meurt d'une indigestion de nèfles. — Mort du Duc de Berry, petit-fils de Louis XIV.—Affreux soupçons. — Maladie du Roi.— Sa mort, son éloge.— Erreurs historiques introduites par le protestantisme et l'esprit philosophique.— Passage de l'histoire de saint Louis altéré par des protestans. —Don Carlos d'Espagne.—L'Amiral de Coligny, grand-oncle de l'auteur, accusé d'avoir comploté contre la vie du Roi Charles IX.

Je fus admise une autre fois chez Madame de Maintenon, et c'était dans son appartement au château de Versailles. Elle me parla fort honorablement de la considération qu'elle avait pour ma famille, et lorsque l'heure de l'arrivée du Roi fut prête à sonner, ma grand'mère se leva pour prendre congé de Madame (on ne lui parlait qu'à la troisième personne), et pour me conduire à la grande-écurie, où je devais aller collationner avec mes cousines de Lorraine.

— Restez donc, Marquise, lui dit Madame de Maintenon, tout aussi discrètement et sans aborder la question de me retenir dans une chambre où l'on attendait S. M. qui ne pouvait manquer d'y prendre garde à moi. Ce monarque arriva bientôt sans être annoncé nul-autrement que par l'ouverture des deux battans de toutes les portes, et par l'entrée d'un gentilhomme ordinaire qui précéda S. M. de deux à trois minutes, et qui vint faire une inclination profonde à Madame de Maintenon sans lui parler, comme on fait pour annoncer aux personnes royales que leur table est servie. Madame de Maintenon fut à cinq ou six pas au-devant de S. M. qui paraissait marcher péniblement, et qui pourtant salua Madame de Maintenon de fort bonne grâce.

— Voilà, dit-elle, une Demoiselle que j'ai pris la liberté de garder ici pour la présenter au Roi. Il n'est pas besoin de la lui nommer.

— Je dois penser, répondit le Roi, qu'elle est arrivée céans quant-et-ma filleule, il y a comme alliance ou parenté spirituelle entre Mademoiselle et moi, mais nous sommes parens encore d'une autre façon, poursuivit-il en me regardant comme s'il avait dit *et je l'en félicite!*

— Je demande au Roi la permission que vous baisiez sa main, dit ma grand'mère, avec un air de sollicitude importante, mais qui n'avait pourtant rien de suppliant ni d'obséquieux.

Le Roi me tendit sa main, la paume en dessous, comme s'il me l'avait offerte pour la baiser; mais ce fut pour la refermer prestement, en saisissant la mienne qu'il daigna porter jusqu'à ses lèvres, et qu'il eut ensuite la bonté, la politesse exquise, ou si vous voulez la galanterie (car je ne saurais comment appeler son procédé), d'abattre tout doucement et de maintenir baissée le long de ma jupe, sans parler, mais assez longtemps pour me faire comprendre sa volonté, qui fut d'en rester là (1).

Nanon, l'importante et célèbre Nanon, vint dire quelque chose à l'oreille de sa maîtresse, et là-dessus nous vîmes arriver Madame (2), veuve de Monsieur, frère du Roi, à qui Mme de Maintenon fit avancer un fauteuil (après s'être levée pour la saluer), mais qu'elle avait attendue de pied ferme, à sa place, qu'elle reçut avec un air froid et sec comme vent de Nord-Est, et qu'elle ne reconduisit en aucune façon.

Cette Princesse était fagotée comme une sorte d'Amazone, avec un pourpoint d'homme en drap galonné sur toutes les coutures ; elle avait la jupe assortie, la perruque en trois écheveaux, comme celle de S. M., avec un chapeau tout-à-fait semblable à celui du Roi, lequel chapeau ne fut ni dérangé ni soulevé par elle pendant qu'elle nous fit ses révéren-

---

(1) Aujourd'hui septidi de la troisième décade du mois de vendémiaire, an IX de la république française, j'ajoute ici ces lignes en arrivant des Tuileries, où le général Bonaparte m'a baisé la main. Il m'avait envoyé dire qu'il *voulait me voir;* et il vient de me promettre la restitution de nos bois sequestrés. Je suis accablée de fatigue et d'affaiblissement; mais j'écrirai, ou plutôt je dicterai les détails de cette singulière entrevue, si j'en ai la force et s'il m'en reste le temps. Je n'ai pu m'empêcher de songer que j'avais reçu précisément la même politesse du Roi Louis-le-Grand et de ce premier consul de la république, à quatre-vingt-cinq ans de distance. (*Note de l'Auteur.*)

(2) Charlotte de Bavière, mère du régent, morte en 1722.

ces, dont elle se tira, du reste, avec assez d'aisance et de ponctualité. Il est bon d'ajouter que cette vilaine Altesse Royale avait les pieds dans des bottines et qu'elle avait un fouet à la main. Elle était mal taillée, mal tournée, mal disposée pour toute chose et contre tout le monde. C'était une figure de pomme de locart, courte, large et colorée; peu de nez, point de menton, les pommettes rouges, les yeux noirs et animés sans aucun air d'esprit : on a vu cette figure-là partout. Mme de Froulay demanda au Roi la permission de me nommer à Madame qui me fit un salut à la cavalière et qui se mit à me questionner sur la santé, sur l'âge et sur les projets du Grand-Prieur de Froulay, dont je n'avais encore eu ni vent ni nouvelles; de sorte que je restai muette comme une tanche, et que Madame a soutenu jusqu'à sa mort que j'étais plus bête qu'une carpe. Elle aura peut-être pris la peine de l'écrire à ses commères et ses cousines allemandes, et ce sera toujours moins faux que tout ce qu'elle osait leur mander contre Mme de Maintenon, contre Madame la Duchesse de Bourgogne, et de plus, contre ma bonne grand'mère qu'elle a fort mal traitée dans son ignoble correspondance avec ses belles-sœurs de Hesse et de Mecklembourg. Elle aurait voulu rabaisser la maison de France au niveau de ses Comtes-Palatins. Elle ne parlait et rêvait que du Saint-Empire Germanique, où plût à Dieu qu'elle fût restée toute sa vie! Nous en aurions eu de moins la contrariété du Régent et de sa triste progéniture! Il est à remarquer que dans toute la postérité de cette Bavaroise, il ne s'est pas trouvé une seule personne qui n'ait fait peine ou déshonneur à la maison royale de France. A partir de la Reine Isabeau, c'est une famille allemande avec qui les alliances de nos princes ont toujours été funestes à la monarchie française.

Je vous puis dire ensuite à propos de cette mère du Régent, qu'elle ne vivait que de soupe à la bière et de bœuf salé, et qu'elle usait notamment d'un certain ragoût de chou fermenté qu'elle se faisait envoyer du Palatinat, et qui, chaque fois qu'elle en faisait servir devant elle, exhalait la plus mauvaise odeur dans tout le quartier du château qu'elle habitait. Elle appelait ceci du *Schaucraout*, et comme elle en voulait faire goûter à tous ceux qui l'allaient voir dîner, c'était à qui s'enfuirait. Elle en faisait une sorte de persécution patriotique, en y mettant la vanité la plus inconcevable. Quoiqu'elle écrivît contre ma grand'mère, elle ne lui faisait pas moins des politesses et des amitiés dont celle-ci n'était pas dupe, et c'était au point de la retenir quelquefois à souper. C'était avec des poires tapées et des pruneaux fricassés pêle-mêle avec du lard et des oignons, c'était des salades avec des tranches de harengs crus, de poireaux crus et de pommes crues, assaisonnés à l'huile et à la moutarde; enfin c'était des galimafrées de colimaçons, qu'elle faisait venir de Bavière, et je vous puis affirmer qu'elle avait la coutume de saupoudrer les tranches de melon qu'elle mangeait avec du tabac d'Espagne. On lui faisait aussi des confitures de panais avec du vin rouge et du miel; et si vous étiez malade après un tel souper, elle avait de la conserve de momie, toute prête. Rien n'était plus admirablement salutaire que l'usage de la momie, elle ne tarissait pas sur les bons effets de la momie, et soit dit en passant, on en met beaucoup dans la thériaque, ainsi que mon père me l'a dit souvent. Pendant son ambassade à Venise, il avait demandé qu'on lui fabriquât de la thériaque en en retranchant ce vilain ingrédient-là ; mais on lui répliqua qu'il était indispensable, et que depuis la première formule de cette confection stomachique, inventée par Andromachus, médecin de Néron, on n'avait jamais omis d'y faire entrer une certaine dose de cette chair humaine embaumée.

En dédommagement des galimafrées de Madame et de ses ragoûts tudesques au tabac d'Espagne, auxquels je ne pouvais prétendre, j'allai manger de la crème et des fruits avec Mesdemoiselles de Lorraine, que le Grand-Écuyer, mon oncle (Louis de Lorraine, Prince d'Armagnac), avait réunies en famille, afin de leur donner un divertissement qui consistait à voir danser des chiens habillés en amours, en bergères et en procureurs.

Ces deux jeunes Princesses, les plus jolies du monde, étaient alors Mesdemoiselles de Joinville et de Guise, dont l'une est devenue Duchesse de Bouillon, et dont l'autre a été la seconde femme du Maréchal de Richelieu. Vous verrez plus tard qu'elle en avait eu pour unique enfant Mme d'Egmont, laquelle avait pleinement hérité des grâces de sa mère.

Au commencement de notre goûter, nous eûmes la surprise et la contrariété de voir tomber comme une bombe au milieu de la grande écurie, notre tante d'Elbœuf, qui était une grosse personne d'environ soixante ans, et qui venait pour se divertir avec nous, disait-elle (1). Elle ne voulut manger autre chose que des rôties au vin d'Espagne, une jatte de caille-bottes au jasmin, trois ou quatre assiettes de compote, des massepains, des macarons, des jubas, des darioles, et pour couronner son œuvre de collation, cinq ou six grosses poires. Ensuite, elle ordonna qu'on fît défiler tous les chiens devant elle, en manière de revue. — Mon auguste Princesse, en voici un qui vous va compter le nombre de l'année, le quantième du mois et l'heure du jour, lui dit l'homme aux chiens. — C'est un miraculeux animal, et vous me le vendrez, par ma foi ! disait-elle, ou je vous ferai chasser de Versailles ! — Mon auguste Princesse, il dit aussi l'âge des femmes.... — Ah ! la vilaine bête !...., et ce disant, elle se mit à donner des coups de pied au chien savant, qui s'en alla se cacher derrière les autres, et ne voulut jamais reparaître. — Qu'on le chasse d'ici ! qu'on l'emmène et qu'on l'enferme !.... c'est un saligot qui va faire des ordures sur les tapis du Roi !.... Je ne l'ai revue de ma vie, la Duchesse d'Elbœuf. Toutes nos parentes de ce côté des Parabère étaient mal famées, ce qui faisait que mes tantes et ma grand'mère n'entretenaient aucune relation familière avec elles. Cette Mme d'Elbœuf est morte d'une indigestion de

---

(1) Françoise de Montaut de Bénac de Navailles, veuve de Charles de Lorraine, Duc d'Elbœuf. Sa mère, la sévère et célèbre Maréchale de Navailles, était la tante de mon père, et s'appelait Suzanne de Maumaz-Baudéan-Parabère et Neuillant. La fille était à peu près aussi laide et aussi ridicule qu'il est possible de l'être. *(Note de l'Auteur.)*

nèfles, à la fin de novembre 1716, et non pas au mois de juin 1717, ainsi que le dit Moréri. — Peu nous en chaut, direz-vous; et peu m'importerait aussi, mon Enfant, si n'était la créance que vous pourriez donner aux articles biographiques et généalogiques de ce dictionnaire.

Ce fut quelques jours après mon retour de Versailles que nous apprîmes la mort de M. le Duc de Berry, dont nous portâmes le grand deuil avec plus de régularité que sa femme. . . . .
. . . .
. . . .

Le Roi resta profondément abattu de cette horrible découverte, et tout donne à penser qu'elle ne fut pas étrangère à sa résolution d'éloigner le père de cette Princesse, ainsi que toute la famille d'Orléans, de la personne de son successeur, et du gouvernement de l'État pendant la minorité de M. le Dauphin qui n'était alors âgé que de quatre ans. Depuis cette funeste mort du dernier de ses petits-fils, la santé du Roi s'altéra visiblement. Il était devenu couleur de souci, disait-on ; il ne mangeait plus en public afin de ne pas laisser voir qu'il ne pouvait manger. Sa force déclina continuellement pendant sept à huit mois; et le premier septembre de l'année suivante, il avait rendu sa grande âme, avec tous les sentimens d'espérance et de contrition dont il était animé depuis trente-cinq ans qu'il avait passés dans la piété la plus régulière et la pratique de toutes les vertus. O grand Roi ! l'honneur de la France et de la royauté ! **la gloire d'un grand siècle et le modèle accompli des maîtres du monde ! Roi si naturelle-**

ment Roi : le plus beau, le plus fier et le plus magnifique des Princes ! le plus clément dans le triomphe et le plus ferme dans l'adversité ! Si les sophistes qui vous outragent avaient ouï crier lugubrement dans tous les carrefours de Paris : LE ROI EST MORT, ils se souviendraient de la stupeur et de la désolation de votre peuple; ils ne diraient pas, ils n'oseraient pas dire que votre auguste cercueil ait été profané par les éclats d'une insolente joie !.... Au reste, les ennemis du christianisme ont toujours agi dans le même esprit. *Vir primo imperii optimis principibus, et ultimo mediis comparandus.* Les sophistes païens n'ont blâmé Constantin que depuis sa conversion : les sophistes modernes ont dénigré Louis XIV à cause de sa dévotion.

Il y a eu certainement plus d'erreurs mises en circulation par les philosophes que par les poètes, et même par les dictionnaires généalogiques. Ce n'est pas sans raison que les Scaliger et les Gronovius ont reproché rudement à la poésie d'avoir altéré l'histoire en consacrant des fictions. Didon, comme on sait, était morte environ trois siècles après Énée, qui s'était noyé dans la Numique avant d'avoir pu fonder l'empire romain. Suivant Polydore-Virgile, Emilius Portus et tant d'autres, la chaste Pénélope avait été répudiée par Ulysse, à cause de ses galanteries pendant l'absence de son mari. Sextus Empiricus a calculé que la belle Hélène devait avoir au moins cent soixante ans à l'époque de la guerre de Troie; Pic de la Mirandole a soutenu qu'elle n'était jamais sortie des murs de Sparte; enfin, j'ai vu des savans qui croyaient pouvoir affirmer sur l'autorité de

Polybe et d'Acidalius Valens que les trois enfans de Médée ont paisiblement régné dans l'Hellespont.

> « E se tu vuoi che 'l ver non ti sia ascoso,
> » Tutta al contrario l'istoria converti,
> » Che i Greci rotti, e che Troia vittrice,
> » E che Penelopea fu meretrice (1). »

Si les philosophes modernes ont obscurci certaines vérités historiques, ce n'est pas avec la même simplicité d'intention que les anciens poètes, et les erreurs qu'ils ont propagées n'ont pas été l'effet de leur crédulité. L'Empereur Julien, par exemple, et sans contredit, est une des personnes les moins recommandables de l'histoire. On l'y voit figurer d'abord comme un grammairien sale et pédant, bouffi d'orgueil scholastique et toujours préoccupé du syllogisme, du paralogisme et de l'antistrophe. On l'y voit toujours extasié d'admiration pour de misérables rhéteurs, le rebut des écoles d'Athènes ; pour des astrologues et d'insolens académiciens dont il endurait les familiarités par hypocrisie de philosophisme ; et si Julien n'avait pas fini par apostasier le christianisme, Voltaire aurait certainement dit de Julien qu'il était un cuistre, un piqueur de diphtongues et le plus crasseux des péripatéticiens ! En outre, comment Voltaire et Dalembert, Diderot, Condorcet et tous ces encyclopédistes, pouvaient-ils ignorer que ce Prince *philosophe et tolérant*, la gloire de l'*empire*, du *sacerdoce* et de l'*humanité*, pratiquait ouvertement

(1) ARIOSTO, cant. XXXV.

l'anthropomancie à l'exemple d'Héliogabale, et que, pendant la guerre des Perses, il avait fait déchirer les entrailles d'une femme vivante afin d'y consulter les dieux? Voilà ce qui n'importe guère à nos philosophes : Julien était l'ennemi du christianisme, et chacun de ces philosophes a dû faire un panégyrique de Julien. On voit toujours avec un sentiment d'amertume et d'irritation, avec le sentiment d'un souverain mépris pour le dix-huitième siècle, surtout! que de pareils outrages à la vérité de l'histoire, à la morale publique, à la religion d'un grand peuple, ont été proférés devant l'académie française avec impunité! Il est à considérer que Néron, Caracalla, Commode et tous ces tigres couronnés étaient les élèves du philosophisme : le dernier de ces monstres était le fils bien-aimé du philosophe Marc-Aurèle, tandis que cet honnête Vespasien, qui fit chasser d'Italie tous les philosophes, a été le père de Titus.

Les deux derniers siècles ont assez retenti d'imprécations contre Philippe-le-Bel et le Pape Clément V, j'espère? Mais sans parler ici d'interrogatoires et d'aveux, de témoignages, de confrontations et d'une multitude de documens considérables, plusieurs antiquaires avaient pourtant rassemblé des idoles monstrueuses et des armes perfides, des instrumens inconnus, des objets occultes chargés d'inscriptions infâmes..... On avait découvert à Palerme un livre mystérieux, qui suffisait pour éclairer cette grande tragédie du quatorzième siècle, ce combat formidable et cette guerre à mort entre les princes chrétiens et les templiers. Eh bien! Il a fallu qu'un antiquaire anglais, qu'on n'accusera certainement pas de partialité pour le Saint-Siége et pour les Rois très-chrétiens, soit venu démontrer que les Chevaliers du Temple étaient devenus des sectaires abominables ; qu'ils avaient médité la destruction des lois, des mœurs et de la religion de l'Europe chrétienne ; qu'ils avaient comploté, pour arriver à la domination, le meurtre des Rois, la chûte des trônes et la corruption des peuples ; enfin que la condamnation des templiers avait été politique, indispensable, et que leur supplice avait été juste et mérité.

Soit qu'on soutienne les doctrines philosophiques ou qu'on les combatte, on ne saurait contester qu'elles ne soient la conséquence des erreurs, le développement du système et le produit de la rébellion de Luther. Il est aussi facile de prouver que la plupart des *erreurs de fait*, depuis la réforme, ont été l'ouvrage des protestans ; ils ont mutilé la bible dont ils ont retranché cent-soixante-neuf chapitres qui condamnent leurs doctrines ; ils ont falsifié ceux des livres saints dont ils font usage ; Bossuet leur a prouvé qu'ils dénaturaient l'histoire ecclésiastique ; ils ont altéré l'histoire profane avec les mêmes intentions ; et je vais me borner à vous citer une de leurs supercheries les plus innocentes.

Aucun ancien manuscrit du Sire de Joinville ne porte assurément que la sage et pieuse Reine Blanche de Castille fût jalouse de sa belle-fille Marguerite de Provence, ni surtout qu'elle fît *aboyer des chiens* pour troubler la douceur de ses tête-à-tête avec Saint Louis. Aussi bien, est-ce une invention des protestans : c'est un trait d'imagination qui se trouvait noté sur la marge d'un manuscrit de la bibliothèque du Duc de la Vallière, et qui fut publié pour la première fois, m'a-t-il dit, dans une édition de Joinville, à Poitiers, par un éditeur, un imprimeur et un libraire calvinistes.

C'est un ministre protestant qui nous a révélé la catastrophe de l'Infant Don Carlos, et si vous le croyez aujourd'hui, c'est principalement sur sa garantie. La plupart des auteurs contemporains, et Cabréra par exemple, nous certifient que le Prince des Asturies mourut après une maladie de plusieurs jours, à la suite d'un flux de sang. Mais une scène de meurtre où pouvait figurer un fils de Charles-Quint, Philippe second surtout, le plus inflexible des Rois Catholiques, était un sujet trop fertile en déclamations pour ne pas en profiter, et les écrivains calvinistes ont si bien manœuvré pendant trois cents ans, qu'un fait historique aussi facile à bien éclaircir a fini par être enveloppé dans l'obscurité.

Vous aurez souvent l'occasion de voir cité l'Amiral de Coligny, mon grand-oncle, pour sa loyauté, sa franchise et l'austérité de ses vertus. Les philosophes et les protestans leurs compères n'ont jamais eu l'air de soupçonner qu'il fût un traître, un parjure, un hypocrite; mais on n'en voit pas moins, dans une lettre qu'il écrivit au Prince d'Orange et qu'on a conservée dans les archives de la Haye, qu'il avait comploté de faire égorger le Roi, la Reine-mère et toute la famille royale, avec le Président Lhuillier, le Maréchal de Tavannes et tout le clergé de l'église de Paris. On doit observer aussi que, par un échange de bons procédés réciproques, les déistes et les encyclopédistes ne veulent jamais convenir de la brutalité de Luther et de la férocité de Calvin ; ils vont jusqu'à décerner les qualifications de *vénérable docteur* et d'*homme vertueux* à tous les chefs de la réforme, pendant qu'à la réserve de Mélancthon, peut-être, il n'en est pas un autre en qui l'on puisse entrevoir une apparence de vertu, ni un peu de bonne foi. Walpole m'a parlé d'un ouvrage philosophique où l'on n'a pas trouvé d'autre reproche à faire à Henri VIII, que celui de n'avoir pas toujours assez respecté les franchises de la pairie et les immunités de la chambre des communes.

Le motif qui peut dicter de pareils jugemens n'est pas difficile à surprendre, et voici quel en est toujours le régulateur. Un sujet, un homme privé, n'est jamais digne d'éloges à moins d'avoir été l'ennemi du christianisme ou du moins de l'autorité royale. Un souverain n'aura jamais eu de qualité louable s'il n'a pas été l'ennemi du christianisme ou tout au moins de l'autorité catholique. Au moyen d'un calcul systématique aussi facile à bien établir, on peut distribuer la louange ou le blâme, avec injustice, à la vérité, mais avec un discernement facile, au moins. Aussi l'on voit accabler de malédictions la *Sanglante Marie*, c'est-à-dire la sage et vertueuse Marie de Lancastre, pour avoir approuvé la condamnation de son persécuteur Cranmer, qui, du reste, était un fourbe, un sacrilége, un sujet rebelle, un archevêque apostat, tandis qu'on voit tolérer dans la protestante Élisabeth le martyre d'une Reine sa captive, sa parente et son héritière. En nous soutenant que le Roi Don Philippe a fait massacrer son fils, on nous assure qu'il est *très-douteux* que le Czar Pierre

10

ait fait mourir le sien? Enfin, si l'on fait des reproches assez mérités au dernier des Valois, c'est en exaltant sans restriction les vertus philosophiques de Frédéric le Grand..... Au reste, mon Enfant, il y a comme qui dirait deux mille ans qu'Hérodote a fait le récit de la bataille de Salamine, et si je ne me trompe, il a dit que l'Amiral Adimarthius avait pris la fuite avec la flotte de Corinthe avant le combat, par la raison que les Corinthiens n'avaient pas voulu lui donner de l'argent pour qu'il écrivît la vérité. Vous voyez que ces tactiques-là ne sont pas nouvelles.

CHAPITRE VII.

La Musique de Louis XIV. — Dernières paroles de ce Prince. — La Bulle *Unigenitus*. — Le cardinal de Noailles et le Duc de Saint Simon. — Prévision des gens religieux. — Le vieux Duc de Lauzun. — Le Grand-Aumônier de France. — « LE ROI TE TOUCHE, DIEU TE GUÉRISSE. » — Louis XIV touche des malades à son lit de mort. — Saint-Simon n'en parle pas. — Motif de cette omission. — « LE ROI EST MORT ! » — Deuil général en Europe. — Divertissement chez la fille du Régent. — La duchesse de Berry. — M. et Mme Chapelle. — La Reine d'Espagne. — La Duchesse de Modène. — Leur frère le duc de Chartres. — Les paroles d'honneur de M. le Régent. — Funérailles de Louis XIV. — Le lit de Justice. — Lord et Lady Stairs. — Louis XV enfant. — La duchesse de Ventadour. — Les lisières du Roi. — L'Abbé Dubois. — Sa réputation, même avant que d'être Ministre. — La comtesse de Saulx-Tavannes. Sa disgrâce. — Personnages enterrés vivans. — L'exilé portugais. — Étrange autopsie.

Le Cardinal de Rohan (1) n'eut pas le courage de rester à Versailles, après la mort du Roi son maître, et dès qu'il eut rempli ses obligations d'office, il

---

(1) Armand-Gaston Prince de Rohan-Soubise, Cardinal de la Sainte Église Romaine, Évêque et Prince de Strasbourg, Grand-Aumônier de France, etc. Il est mort en 1749. Il ne faudra pas le confondre avec ses deux neveux, Cardinaux, Évêques de Strasbourg et Grands-Aumôniers de France, ainsi que le Prince Armand-Gaston. *(Note de l'Auteur.)*

vint s'établir à Paris au Palais-Cardinal, où tout le monde afflua pour le complimenter. Il nous apprit que le courage du Roi n'avait jamais faibli jusqu'à la fin de sa vie. Les aubades de sa musique guerrière avaient continué par son ordre, sous les fenêtres et à l'heure habituelle du réveil de S. M. jusqu'à la vigile de sa mort; tandis que les soixante musiciens de sa chambre étaient venus se concerter journellement dans la petite salle des gardes, à l'heure du dîner du Roi, comme de coutume. Il avait ordonné qu'on n'y changeât rien, jusqu'au moment où son Grand Aumônier prescrirait l'administration des derniers sacremens.

Tous les discours qu'il a proférés se trouvent partout, ce qui fait que je ne vous les répéterai point. Les dernières paroles du Roi furent celles-ci : « JE « VOUDRAIS SOUFFRIR DAVANTAGE !.... AGRÉEZ-MOI DANS « MON REPENTIR, Ô GRAND DIEU ! » Le Cardinal de Rohan dit à mon oncle que le Roi avait témoigné la volonté de se réconcilier avec l'Archevêque de Paris (Cardinal de Noailles), à condition qu'il accepterait la bulle *Unigenitus*. On alla prévenir celui-ci que le Roi consentirait à le recevoir aussitôt qu'il aurait signé le formulaire; mais on ne put rien obtenir de ce quasi-janséniste, à qui le Saint-Simon n'avait pas manqué d'aller porter des paroles d'encouragement pour la résistance. Comme ce Duc était l'âme damnée du Régent et des conciliabules du Palais-Royal, on augura sur-le-champ de la mauvaise direction qu'on allait donner aux affaires ecclésiastiques, immédiatement après la mort de Louis XIV. Ce grand prince n'avait pas voulu nommer aux siéges épiscopaux vacans depuis sa maladie, en disant que c'était une responsabilité majeure, et que son état lui permettant de ne pas en charger sa conscience, il abandonnait cette grande affaire au discernement et à la prudence des conseillers du Roi son petit-fils. Quand on apprit cette manœuvre du Palais-Royal en avancement d'hoirie, on ne manqua pas de s'effrayer sur la nature des choix épiscopaux qu'on avait à prévoir. — Dieu sait, disait le vieux Duc de Lauzun, s'ils n'iront pas jusqu'à donner une mitre à l'abbé Dubois?.... (1).

— Voilà, par exemple, une chose que vous ne verrez jamais, et ce serait une infamie dont M. le Duc d'Orléans est tout-à-fait incapable, lui répondait Mme de Saint-Simon, sa belle-sœur, qui trouvait toujours que toute chose allait pour le mieux quand son mari s'en mêlait. Vous rencontrerez plusieurs femmes comme cela.

Le Grand Aumônier nous dit aussi qu'il avait pris sur lui de proposer au Roi mourant de toucher des malades qui s'étaient rendus à Versailles afin de se faire placer sur le passage de S. M. lorsqu'elle sortirait de la chapelle du château, après y avoir reçu l'Eucharistie. C'était pour qu'ils fussent touchés par le Roi, suivant la coutume qu'il en avait toujours suivie depuis son sacre, et pour tous ses jours de

---

(1) Antoine-Henry Nompar de Caumont, Duc de Lauzun, Marquis de Puyguilhem, etc. Après la mort de Mademoiselle, il avait épousé Geneviève de Durfort de Lorges. Il n'est mort qu'en 1723. Il devait avoir au moins 90 ans, mais il n'a jamais dit son âge, et peut-être ne le savait-il pas. *(Note de l'Auteur.)*

communion. Tout le monde savait que depuis un grand nombre d'années le Roi communiait exactement le samedi de la semaine sainte, à la messe de minuit, à la Toussaints, la veille de la Pentecôte et le jour de l'Assomption. Tous ces malades, qui pour la plupart étaient de pauvres enfans scrofuleux, accompagnés de quelque malheureux parent, étaient arrivés ponctuellement pour la fête du 15 août de cette année, au nombre de cinquante à soixante personnes. Mais il n'était plus question pour le Roi de pouvoir endosser le grand costume de l'ordre du Saint Esprit, ni de pouvoir descendre en cérémonie pour aller communier à la sainte table de sa chapelle : on touchait à la fin du mois, et comme on n'espérait plus que le Roi sortît de sa chambre avant sa mort, le Curé de Notre-Dame de Versailles avait recueilli toutes ces malheureuses gens dans son presbytère, et puis, il avait écrit au Grand Aumônier pour en obtenir les moyens de les renvoyer charitablement chacun chez eux. C'est ainsi que le Cardinal avait appris la chose, et tout aussitôt que le Roi fut averti de cette affluence, il ordonna qu'on introduisît le lendemain tous les malades auprès de son lit, à quatre heures du matin. L'Évêque de Chartres (1) conduisit tous ces enfans deux à deux jusqu'au milieu de la chambre, et c'était le Cardinal Grand Aumônier qui

---

(1) L'Evêque de Chartres était alors Messire Charles-François des Montiers de Mérinville, Abbé-Commandataire et Seigneur-Châtelain du Mont-Saint-Michel, Prieur et Seigneur de Beaugency, Commandeur de l'ordre de Saint-Lazare, etc. Il n'est mort qu'en 1746.   (*Note de l'Auteur.*)

les soulevait sous le dais royal, afin que le Roi, défaillant et presque aveugle déjà, pût leur imposer les mains. « *Le Roi te touche, Dieu te guérisse !* » C'est la formule que les deux Évêques répétèrent à chacun de ces petits malheureux qui venaient demander la santé à leur vieux Roi moribond, parce qu'il était l'oint du Seigneur et le fils aîné de l'Église. Le Roi se mourait, mais il n'en était pas moins le successeur de Clovis et le consacré de l'Ampoule de Reims. Il bénit tous ces pauvres enfans, et les toucha sur les joues avec une charité consciencieuse. Il avait demandé à recevoir le Saint Viatique immédiatement avant de procéder à l'attouchement des malades, afin de se trouver plus certainement en état de grâce, avait-il dit. Il ordonna qu'on eût à leur remettre à chacun cinq louis d'or à son effigie, ensuite il s'évanouit de fatigue et resta cinq heures évanoui, tellement qu'on le crut mort, et que Madame de Maintenon quitta le château pour se retirer à Saint-Cyr. Telle est la véritable cause de son premier départ, où le Duc de Saint-Simon n'a voulu voir que de la sécheresse et de la personnalité. Il n'a pas voulu dire un seul mot qui fût relatif à l'attouchement de ces enfans malades, ce qu'il ne pouvait ignorer néanmoins ; mais comme il ne pouvait en parler sans disculper Mme de Maintenon qu'il abhorrait, on voit qu'il usait également de la parole et du silence, en fait de perfidie. Quand on fut rechercher Mme de Maintenon à Saint-Cyr, parce que le Roi n'était pas mort, on l'y trouva dans la chapelle, où elle était entrée de prime-abord, et d'où elle n'était pas encore sortie depuis cinq à six heures. C'est une circonstance qui ne saurait non plus avoir été ignorée par le Duc de Saint-Simon, qui furetait sans relâche et sans mesure; mais il s'est bien gardé d'en parler dans ses mémoires. Le bon Cardinal de Rohan nous racontait simplement et comme une chose toute naturelle cette circonstance de la vie de Louis XIV, où je trouve aujourd'hui le témoignage éclatant de cette confiance religieuse et de cette piété filiale dont tous les cœurs français étaient pénétrés pour nos Rois, dans ce temps-là.

Le cri de nos hérauts-d'armes avait eu dans toute l'Europe un retentissement général et magnifique. — Le Roi est mort! et tous les souverains étrangers en étaient restés saisis... L'Empereur Charles VI en prit le grand deuil impérial de treize mois, comme il aurait fait pour son père, et toute espèce de spectacles ou d'autres divertissemens furent sévèrement interdits dans tous ses états pendant la durée de ce long deuil, où le carnaval de 1715 à 1716 se trouva circompris. Il en fut ainsi dans toute l'Italie, tandis qu'on jouait des parades et qu'on dansait au violon chez la fille du Régent, au Luxembourg, nonobstant qu'elle fût en deuil de veuve, et bien que le mari qu'elle avait eu l'honneur d'épouser fût le petit-fils du Roi défunt. A tout considérer, je crois pourtant que la Duchesse de Berry valait encore mieux que ses sœurs la Reine d'Espagne et la Duchesse de Modène. L'Abbesse de Chelles était une autre folle qu'il avait paru nécessaire de placer derrière une grille. Leur aimable frère le Duc de Chartres, était l'homme du monde le plus insipide et le plus taquin, tout à la fois : car il avait trouvé moyen de réunir ces deux qualités disparates. I avait commencé par faire le bigot, en esprit de contradiction ; il ne voulait dire ses prières qu'en hébreu ; il jeûnait et faisait maigre le jour de Pâques, et quand il allait sermonner la Duchesse de Berry, sa sœur, elle ne manquait pas de lui donner des soufflets, ce qui divertissait beaucoup M. leur père. On n'avait jamais rien vu de pareil à toute cette famille d'Orléans ; mais je ne vous dirai pas la moitié du mal qu'on en rapportait.

Dans une de ces affreuses disputes entre Mme Chapelle et la Duchesse de Berry, qui lui avait fait enlever son jeune mari, qu'elle était accusée de retenir en charte privée dans un cabinet du Luxembourg, celle-ci dit à Mme Chapelle qu'elle était *bien effrontée !.....*

— Allons donc, Madame, est-ce à vous qu'il appartient de parler ainsi ? lui répliqua Mme Chapellé. Je rougirais d'avoir rêvé ce que vous avez fait !

Le lieu de la scène était, comme à l'ordinaire, un corridor de théâtre, où Mme Chapellé avait été guetter sa rivale.

Aussitôt que M. le Duc d'Orléans eut réussi à faire annuler, par le parlement de Paris, le testament du Roi son oncle, son bienfaiteur et son beau-père, il s'empressa d'en aller porter la nouvelle à Madame sa mère, qui n'avait pas voulu désemparer du château de Versailles. Il est à savoir que Mmes de Froulay, d'Estaing, de Comminges et de Boufflers, s'étaient arrangées pour aller de compagnie rendre leurs devoirs à S. A. R., et voici mot à mot ce que leur dit cette princesse :

« Ceux qui font semblant de méconnaître la clair-
« voyance, la prudence et le caractère honorable
« de mon fils, n'avaient pas manqué de montrer
« une inquiétude impertinente à l'égard du pouvoir
« que l'abbé Dubois pourrait usurper sur son es-
« prit et dans les affaires publiques. On allait jus-
« qu'à dire que si mon fils avait la faiblesse de lui
« donner crédit, il en userait inévitablement pour
« vendre les secrets de l'état aux ennemis du Roi,
« comme aussi pour trafiquer de l'honneur et de la
« prospérité du Royaume avec les étrangers. C'est
« bien là ce que j'avais toujours pensé de cet abo-
« minable homme, et mon fils en est convenu sans
« nulle difficulté : Aussi bien, m'a-t-il fait serment
« de n'employer jamais ce Dubois en aucune affaire.
« Je vous demanderai d'en faire part à tous vos
« parents, amis et connaissances, et vous pouvez
« dire à chacun que j'en ai reçu la parole d'honneur
« de mon fils (1). »

Les quatre vieilles Dames en question ne manquèrent pas de faire circuler cette déclaration rassurante ; ce qui leur a valu de belles moqueries qui n'ont pas duré moins de cinq à six ans, car on y revenait à chaque nouveau tour du bâton de M. le Cardinal Dubois. Quand cet *abominable homme* est

(1) Le même fait de cette promesse du Duc d'Orléans à sa mère est également rapporté par le Duc de Saint-Simon, l'ami du Régent, pages 229 et 230 du XIIIe volume de ses mémoires, édition de 1829.   (*Note de l'Éditeur.*)

devenu premier Ministre, je ne sais pas ce que la douairière d'Orléans a dû penser du caractère honorable de son fils et de ses paroles d'honneur?

Le Roi Louis XIII avait ordonné dans son testament que ses obsèques auraient lieu sans appareil et sans autres cérémonies que le plus absolu nécessaire. Voilà ce que la Reine-Régente ne voulut pas exécuter, mais elle eut soin de payer tous les frais des obsèques avec l'argent de sa propre cassette.

Le Roi Louis XIV n'avait rien prescrit à l'égard de ses funérailles; ainsi les choses auraient dû s'y passer conformément au cérémonial de France. Au lieu de cela, M. le Régent fit appliquer cette disposition du testament de Louis XIII, aux obsèques de Louis XIV, qui n'avait rien dit de pareil à cela dans son testament. Ce prince avait ordonné que ses entrailles fussent déposées dans l'église des Carmélites de Saint-Denis; mais le Cardinal de Noailles les fit réclamer pour son église de Notre-Dame, en disant que c'était un privilége de cette métropole, ce qui n'avait pourtant jamais eu lieu que pour les entrailles de Louis XIII et celles de Henri IV, et ce qui n'empêcha pas M. le Régent d'accéder à la demande de l'Archevêque de Paris, malgré la volonté du Roi défunt. Le cœur de S. M. fut porté, suivant l'usage, aux Grands-Jésuites de la rue Saint-Antoine, où j'ai vu pour la première et dernière fois toute la vieille cour. M. de Saint-Simon s'est avisé d'écrire qu'il *ne s'y trouva pas six personnes de qualité*, ce qui n'empêcha pas que je ne m'y trouvasse avec toute ma famille, ainsi qu'avec toutes les Princesses de Lorraine, et tous leurs cousins de Rohan, de la Tour-d'Auvergne et de la Trémoille. Je ne parle pas des grands-officiers de la couronne, des premiers officiers de la cour, ni des simples officiers de la maison du feu Roi, qui remplissaient toute l'église, et c'était au point que la Duchesse d'Albret ne put jamais arriver jusqu'à la grille du sanctuaire, où sa belle-sœur avait ménagé pour elle une place entre nous deux.

La seule chose qu'on pût remarquer aux funérailles du Roi à Saint-Denys, c'est que les Pairs de France ne voulurent pas recevoir et refusèrent de rendre le salut au Grand-Maître des cérémonies, M. de Dreux, parce qu'il avait salué Messieurs du Parlement avant Nosseigneurs les Ducs; ce qui fit entrer toute la haute noblesse en frénésie.

Une autre bonne parole d'honneur avait été donnée par M. le Régent contre une usurpation des Présidens-à-Mortier, qui ne voulaient plus se découvrir en prenant l'avis des Pairs de France en Parlement. C'était une contestation qui durait depuis longues années, et qui s'était mortellement envenimée de part et d'autre. Le Cardinal de Mailly, Archevêque de Reims, et, en cette qualité, premier Pair de France, avait obtenu du Régent la promesse formelle de sa protection pour la Pairie, et de plus S. A. R. avait pris le même engagement avec le Duc de la Trémoille, premier Duc de France (attendu qu'il est plus ancien Duc que celui d'Uzès, qui n'est que le doyen des pairs laïcs). M. le Régent n'en tint pas plus de compte que de ses paroles d'honneur à Madame sa mère; il alla jusqu'à déclarer, qu'il avait besoin de ménager le Parlement pour faire casser le testament du feu Roi. Les Pairs de France éclatèrent et protestèrent; le Parlement foula sous ses pieds les dernières volontés de Louis XIV, et la grande affaire du *Bonnet* pour *opiner* fut renvoyée par le Régent jusqu'à la majorité du Roi, qui n'a jamais voulu s'en mêler.

Vous savez déjà que je voyais souvent Mesdemoiselles de Lorraine. Nous voulûmes absolument aller au Parlement pour la séance royale, et le Premier Président s'y employa de son mieux sans pouvoir y parvenir, parce que M. le Régent avait fait réserver deux places dans la tribune pour Milord et Miladi Stairs (l'ambassadeur et l'ambassadrice d'Angleterre), et que nous étions Jacobites au point de ne les pouvoir envisager de sang-froid. Nous refusâmes de nous trouver en compagnie de ces orangistes, et l'on nous plaça de plain-pied dans une embrasure de fenêtre auprès du lit de justice, sous la garde de deux huissiers du Parlement, qui nous couvaient des yeux comme auraient fait des duègnes de Caldéron ou de Lope de Véga.

Tout ce que j'ai vu de cette première séance de la cour des Pairs sous le nouveau règne, m'a souvent donné à penser.

Le jeune Monarque fut apporté par le Grand Écuyer depuis son carrosse jusqu'à la porte de la grand'chambre du Parlement, où le Duc de Tresme, faisant l'office de Grand Chambellan, reçut le Roi dans ses bras et fut le porter sur son trône, au pied duquel était assise une de nos tantes, c'est-à-dire la

Duchesse douairière de Ventadour, Gouvernante de S. M., personne admirablement bien appropriée pour la circonstance, en ce qu'elle était prodigieusement formaliste, étonnamment sérieuse, et parfaitement absolue, de son naturel. Nous l'appelions *la mère aux adverbes* (1).

Le costume du Roi consistait dans une petite jaquette à plis et à manches pendantes en drap violet (2) ; il était coiffé d'un simple béguin de crêpe violet qui paraissait doublé de drap d'or. Il avait des lisières qui tombaient par derrière jusqu'au bas de sa robe. Mais ceci n'était que pour marquer son âge, car on savait très-bien qu'il marchait tout seul et qu'il aurait pu courir comme un Basque. Je vous dirai que les lisières de S. M., qui se croisaient sur ses épaules, étaient en drap d'or, au lieu d'être en étoffe pareille à la robe ; et je pense que Madame de Ventadour avait calculé que des lisières devaient toujours paraître en hors-d'œuvre dans le costume d'un Roi. Son cordon bleu suspendait la croix de Saint-Louis avec celle du Saint-Esprit, et ses beaux cheveux bruns, naturellement frisés, tombaient sur ses épaules en boucles flottantes. Il était d'une

---

(1) Charlotte-Angélique de la Mothe-Houdancour, veuve de Louis de Lévis-Lautrec, Duc de Ventadour. Elle était la tante de ma belle-sœur et la sœur de ma tante de la Ferté. Elle mourut en 1734, par un coup d'apoplexie qui lui provint d'une piqûre de guêpe à la tempe. *(Note de l'Auteur.)*

(2) Il est assez connu que les Rois de France portent le deuil en violet. Il en est ainsi des Cardinaux : *perche sono porporati*, disent les Italiens; parce qu'ils sont *empourprés* comme les Rois.
(Note de l'Auteur.)

beauté radieuse, et vous pourrez savoir de tous ceux qui l'ont connu qu'on n'a jamais pu le flatter dans ses portraits.

Cet enfant royal avait commencé par écouter paisiblement, si ce n'est attentivement, toutes les harangues et tous les discours d'apparat, toutes les prestations de serment et tout ce qui s'ensuivait ; mais on s'aperçut qu'il tournait toujours la tête et regardait continuellement du côté gauche, afin de considérer la figure du Cardinal de Noailles, et sans avoir aucunement jeté les yeux sur toute cette foule de Présidens et de Conseillers en robe rouge, qu'il ne connaissait pas plus que cet Archevêque de Paris. (Le Roi ne l'avait jamais vu, par suite de sa disgrâce à cause du formulaire.) Cependant le vieux Maréchal de Villeroy se mit à lui faire (au petit Roi) de petits signes avec sa grosse tête et ses gros yeux, pour qu'il eût à regarder soit d'un autre côté, soit en face de lui ; mais S. M. n'en tint compte, et finit par s'en impatienter. — LAISSEZ-MOI DONC ! LAISSEZ-MOI ! Voilà les premières paroles que le Roi Louis XV ait proférées sur son lit de justice. Ce n'était pas seulement la petite personne du Roi qu'on y voyait ; c'était notre grande loi fondamentale et la haute maxime de l'hérédité monarchique !

Il est temps de sortir du palais de justice et de rentrer dans les salons de Paris. Écoutez le récit d'un événement incompréhensible.

La Comtesse de Saulx, Tavannes et Busançais, avait toujours passé pour un personnage étrange (1).

(1) Marie-Catherine d'Aguesseau, sœur du Chancelier de ce

Elle avait des habitudes farouches, des passe-temps occultes et des allures ténébreuses ; aucune liaison suspecte, à la vérité, mais nulle amitié connue, et non plus de relations avec ses propres parens qu'avec la famille de son mari. Elle habitait presque toujours un vieux et sombre château nommé Lux, et qui n'est guère éloigné de Saulx-le-Duc en Bourgogne, et lequel château de Lux est le chef-lieu d'une baronnie qui provenait de son chef. Mme de Saulx disparaissait quelquefois de chez elle à l'insu de toute sa maison, sans que personne l'eût vue sortir, et sans qu'on pût s'imaginer ce qu'elle était devenue. Ensuite on entendait sonner de sa chambre au bout de sept à huit jours d'absence et de profond silence, on la retrouvait dans son appartement comme si de rien n'était, et toujours avec les mêmes habits dont elle était vêtue le jour de sa disparition. M. le Prince de Condé, Gouverneur de la province, et M. Bouchut, l'intendant de Bourgogne, nous ont toujours dit que les plus fins matois du pays n'y pouvaient rien voir et n'y comprenaient rien.

 La Comtesse de Saulx se retire dans sa chambre un samedi soir ; elle envoie coucher ses femmes en leur disant qu'elle ne veut pas se déshabiller encore et qu'elle y pourvoira toute seule. On l'entend fermer aux verroux la porte de sa chambre, et ces deux filles en causèrent en s'en allant, parce que leur maîtresse ne lisait et n'écrivait presque jamais, et

---

nom. Son mari, Lieutenant-général au Gouvernement de Bourgogne et grand Bailly d'épée, était mort en 1703.
        (Note de l'Auteur.)

surtout parce qu'il ne se trouvait dans sa chambre à coucher ni aucun livre, ni rien de ce qu'il aurait fallu pour écrire.

— Madame ne pourra jamais se délacer de son corps-piqué, et comprenez-vous ce que Madame va faire toute seule enfermée dans sa vieille tour ? — Dieu le sait, et Dieu veuille !......

Il est bon de vous dire que c'était une tourelle du château qui formait les parois de cette chambre. Elle était éclairée par une seule croisée garnie de barreaux très-solides et très-serrés. La cheminée, suivant l'ancien usage, était barrée dans le tuyau par une double croix en fer. Cette même chambre était sans cabinets, sans issue et sans aucune autre ouverture que la fenêtre grillée, la cheminée barrée et la porte d'entrée dont cette étrange personne avait eu soin de pousser les verroux. Enfin ladite chambre était précédée par une grande pièce où couchait une vieille Demoiselle d'Aguesseau que sa nièce avait recueillie chez elle, parce que c'était une espèce d'idiote, et peut-être aussi parce qu'elle pouvait payer une forte pension. Voilà l'état des lieux, et voici l'état des faits.

On était entré le lendemain comme à l'ordinaire à sept heures du matin, dans cette grande pièce qui servait de passage ou d'antichambre, et où l'on faisait coucher Mlle d'Aguesseau. On l'avait trouvée sans connaissance, étendue sur le parquet, en camisole de lit, coiffée de nuit, avec les jambes nues et tenant fortement serré dans sa main droite un cordon de sonnette qu'elle avait arraché. Tout ce qu'on put tirer d'elle après qu'elle eut repris ses sens, mais non son bon sens qui ne lui revint jamais, c'est qu'elle avait eu grand'peur! et qu'elle ne pouvait se rappeler nulle autre chose. On commença par gratter poliment, ensuite on frappa rudement et longtemps à la porte de sa nièce qui n'avait garde de répondre. On envoya chercher le Curé, le Bailly seigneurial et tous les notables du pays qui s'encouragèrent et finirent par se décider à enfoncer la porte; mais ce fut après avoir constaté juridiquement que la dite porte était verrouillée à l'intérieur, tandis que sa clé se trouvait dans la serrure en dehors de la chambre et du même côté que les signataires du procès-verbal.

On n'a jamais revu la Comtesse de Saulx. Rien n'etait dérangé dans son appartement, où son lit n'avait pas même été défait. Deux bougies que ses femmes avaient apportées la veille et qu'elles avaient placées sur une petite table auprès d'un grand fauteuil, avaient été soufflées au milieu de la nuit, car on calcula qu'elles n'avaient pas dû brûler pendant plus de deux heures et demie. Une de ses pantoufles que j'ai vue chez son fils (c'était une mule de velours vert à talon rouge), était restée sur le parquet à côté de ce même fauteuil, et c'est tout ce qu'on a jamais retrouvé d'elle. On savait que son fils, le Cardinal de Tavannes, était accouru sur les lieux pour y diriger une information judiciaire; mais on croyait savoir que le Procureur-Général de Bourgogne avait parlé de manière à lui faire comprendre que l'honneur de sa maison pouvait s'en trouver compromis, et toujours est-il que le Cardinal abandonna subitement son projet d'enquête, et qu'il s'en retourna précipitamment dans son diocèse de Châlons (il n'était pas encore Archevêque de Rouen). Les uns parlaient de sortiléges et d'affinité suspecte avec les Bohémiens ; les uns parlaient du Diacre Pâris ou du Chevalier de Folard, et les autres discouraient sur le Vampirisme, ce qui, du reste, n'aurait jamais expliqué comment une grande femme de cinq pieds quatre pouces aurait pu s'évaporer sans qu'il en restât rien ! Tout le monde en parlait, et l'on en parla pendant long-temps, par la bonne raison qu'on ne savait qu'en dire. Le Chancelier d'Aguesseau m'a dit cent fois qu'il n'en savait pas plus que nous, et que c'était une chose incompréhensible.

A propos des anciens Comtes, aujourd'hui Ducs de Saulx, et surtout à propos d'histoires de *portes*, je vous dirai qu'une cousine à moi, qui s'appelait Marie-Casimire de Froulay-Tessé, avait épousé Charles-Gaspard de Saulx-Tavannes, lequel était le petit-fils de cette mystérieuse. Marie-Casimire fut inhumée dans les caveaux de la Sainte-Chapelle de Saulx-le-Duc le 18 août de l'année 1755, deux ou trois fois vingt-quatre heures après la déclaration de son décès. Il arriva dix-huit mois après, qu'on eut besoin de rouvrir ces mêmes caveaux pour y déposer le cercueil du Chevalier de Tavannes, oncle de son mari. On fut surpris d'abord, ensuite on fut épouvanté d'éprouver pour en ouvrir la porte une résistance inexplicable. A force de résolution laborieuse, on vint à bout de la faire tourner sur ses gonds de pierre, et l'on entendit pour lors un sinistre bruit d'ossemens qui roulèrent sur les degrés depuis la porte qu'on ouvrait jusqu'au fond du souterrain. Ceux qui se hasardèrent à descendre les premiers s'embarrassèrent les pieds dans un suaire, et quand on voulut placer le corps de M. de Tavannes à côté de celui de sa nièce, on trouva que la bière de cette malheureuse jeune femme était tombée par terre et qu'elle avait été brisée. On découvrit avec horreur qu'on l'avait enterrée vivante, qu'elle avait eu la force de rompre son double cercueil, et qu'elle était venue mourir de faim à l'entrée du sépulcre, d'où sa lamentable voix n'avait pu se faire entendre de ceux qui la pleuraient ; car elle était adorée de son mari, de leurs enfans, de ses frères, et notamment de la Maréchale de Luxembourg qui m'en a parlé cent fois les larmes aux yeux.

On ne sait pas assez combien il y a de pauvres gens qu'on fait ensevelir et qui se trouvent enterrés avant d'être morts ! Le fameux Boerhaave a dit à mon père qu'il avait tenu tête à toute la régence de la Haye, au sujet d'un Grand-Pensionnaire, appelé M. Van Nollier, qu'on voulait porter en terre, et qui vécut, grâce à lui Boerhaave, environ treize ou quatorze ans après la même entreprise. Vous en avez un exemple dans votre maison. La Connétable de Lesdiguières avait fait un cri terrible, et s'était soulevée quand on s'était mis à l'ouvrir pour l'embaumer. Elle avait porté ses mains sur le scalpel, dont elle s'était blessée les doigts jusqu'au sang. Mais la pauvre femme retomba sans connaissance et mourut effectivement le surlendemain. Quand on exhuma la femme de ce damné Baron de Lohesme, qu'il avait fait enterrer deux jours avant dans le cimetière de

Saint-Médard, on trouva qu'elle s'était écorché les coudes et les genoux dans sa bière. Enfin les inhumations et l'ouverture des corps est une sorte d'affaire où l'on se néglige, et où l'on ne saurait apporter assez de précaution, vous en conviendrez.

J'ai rencontré parfois un certain Marquis de Gomès de Perès de Cortès, y otros, y otros, y otros, avec quarante noms de ses grand'mères et quatre pages de ces *otros* qui représentent nos *et cætera*, lequel allait toujours assister à l'autopsie de ses parens (quand il était en Portugal), et lequel Marquis avait fait continuer ladite opération d'autopsie sur un de ses oncles, en dépit des lamentations et des réclamations du ressuscité. A la vérité, disait-il pour ses raisons, c'est qu'il était question pour lui d'hériter du Comté d'Abrantès; ce qui n'empêcha pas qu'il ne fût exilé en France, afin de le faire repentir de son impatience et de son opiniâtreté dans la poursuite de ses Condégos-solariégos. Le Maréchal de Tessé nous disait, que pendant son ambassade à Madrid, ce Marquis portugais avait assassiné cinq ou six personnes, mais qu'il se trouvait (le Maréchal) obligé de le recevoir à Versailles, et de l'y traiter honorablement, attendu que le Roi de Portugal avait pris la peine de le lui recommander de sa propre main, parce qu'il était son Condé-Parienté (1).

Mon oncle de Tessé disait toujours que tous ces

---

(1) CONDÉ-PARIENTÉ DEL REY FEDELISSIMO, Comte-Parent du Roi Très-Fidèle. C'est la première classe des grands seigneurs de Portugal. Plusieurs familles étrangères sont en possession de ce titre, à raison de leurs alliances. (*Note de l'Edit.*)

Portugais, mais surtout les nobles, étaient des créatures d'un autre monde, et qu'en les comparant aux Espagnols, on trouvait ceux-ci des modèles de modestie et de perfection.

CHAPITRE VIII.

Les Jacobites anglais. — Complot contre le Prétendant. — Le Chevalier de Saint-Georges. — La maîtresse de poste. — Les assassins capturés. — Milord Stairs. — Les Nobles-à-la-Rose. — Le grand-œuvre. — La marquise d'Urfé. — La pierre philosophale. — Certitude acquise. — Insignes de la couronne d'Angleterre. — Héritiers légitimes de cette couronne. — Le feu Roi de Sardaigne. — La Comtesse d'Artois. — Sa postérité.

La parenté des Breteuil avec le Maréchal Comte de Thomond, qui n'était alors que Vicomte de Clare, nous avait mis en relation continuelle avec tous les Jacobites réfugiés en France, et surtout avec ceux de la cour de Saint-Germain, pour qui l'hôtel de Breteuil était un lieu de rendez-vous à Paris. C'était dans le salon de la Marquise (au rez-de-chaussée) qu'ils tenaient leurs conférences, et tout ce qu'il en parvenait au premier nous intéressait sensiblement. C'était néanmoins à la réserve de Mme du Châtelet qui prenait parti pour le duc d'Hanovre, sans nous en pouvoir donner aucun motif raisonnable, ce qui va sans dire, et par une suite naturelle de son bon esprit. J'ai toujours pensé que l'envie de s'attirer l'attention de Milord Georges Keith, et dans la suite, l'envie de le *faire enrager*, comme elle disait puérilement, entrait pour beaucoup dans ses plaidoiries en faveur de la maison d'Hanovre ; mais le Maréchal d'Écosse la laissait dire avec d'autant plus de sang-froid qu'il ne l'écoutait pas, et c'était la belle Émilie qui finissait par en enrager.

Le Prétendant, qui voyageait incognito sous le nom de Chevalier de Saint-Georges, était entouré d'espions salariés par Milord Stairs. On aurait desiré qu'il pût arriver à Nantes ; mais le Régent s'opposait à ce qu'il pût traverser la France, et le jeune Prince avait pris le parti de s'arrêter sur les terres de Lorraine, en attendant un bon moment pour essayer de passer inaperçu. Milord Stairs alla dire au Régent que le Prétendant devait passer à Château-Thierry, tel jour, à telle heure ; le Régent promit de l'y faire arrêter ; mais comme il avait à redouter l'horrible effet d'une action pareille, il envoya, pour y procéder, M. de Contades, major des gardes françaises, bien assuré que celui-ci ne manquerait pas de s'en tirer de manière à n'arrêter personne, ou tout au plus à capturer quelque personnage qui ne fût pas celui qu'on l'envoyait arrêter. On dit même que M. le Régent lui avait donné des instructions formellement opposées à cette promesse qu'il avait faite à l'ambassadeur anglais.

Celui-ci, qui connaissait les dispositions de la noblesse de France et tous les embarras que le Régent voulait s'éviter, se mit à manœuvrer comme si l'autre n'avait rien promis ; il avait envoyé des coupe-jarrets sur la route de Paris à Nantes ; et le Baron de Breteuil en avait été prévenu par M. d'Argenson. Vous voyez que si les fidèles sujets du Roi Jacques III éprouvaient des inquiétudes, ils avaient d'assez bonnes raisons pour cela.

Cependant le Chevalier de Saint-Georges avait trouvé moyen d'arriver à Paris, et vint coucher à l'hôtel de Breteuil, où nous eûmes l'honneur de lui faire la révérence. C'était un beau Prince infiniment poli; il n'avait pas l'air d'avoir alors plus de 25 à 26 ans; mais il était déguisé en abbé, ce qui déplut souverainement à ma cousine Émilie. Le Prétendant nous adressa quelques paroles de compliment, et rentra tout de suite après dans le cabinet de mon oncle, où les conférences durèrent une partie de la nuit. Dès le point du jour, il était parti pour Chaillot, où la Reine sa mère était venue l'attendre au couvent de la Visitation. Il alla coucher dans une petite maison que le vieux Duc de Lauzun gardait on ne sait pourquoi dans ce village, et vingt-quatre heures après il monta dans une chaise de poste aux armes de mon oncle. Il était accompagné par quelques gentilshommes à cheval à qui l'on avait fait endosser la livrée de Breteuil.

En arrivant à l'entrée du village de Nonancourt, qui n'est qu'à vingt lieues de Paris, la chaise de poste fut accostée par une femme dont la figure était des plus honnêtes et des plus troublées. Elle était montée sur le marche-pied de la voiture qu'elle avait fait arrêter; elle dit à voix basse au Prétendant qu'il était perdu s'il allait descendre à la poste, où on l'attendait pour l'assassiner. Elle le supplia, les larmes aux yeux, de se confier en elle. — Il faut que vous soyez le Roi Jacques, ajouta cette femme, car les vauriens dont il s'agit sont tous des Anglais, et l'un d'eux a parlé contre notre saint père le Pape. Elle leur proposa de les conduire chez le curé de la paroisse, auquel elle avait eu soin de confier la découverte qu'elle avait faite, et cette honnête femme était la maîtresse de poste de Nonancourt, laquelle avait nom Mam'selle Lhopital. Le Chevalier de Saint-Georges et ses compagnons se laissèrent conduire au presbytère, et Mlle Lhopital, qui avait eu soin d'enivrer ces Anglais et de les enfermer à double tour, s'en fut alors requérir la justice du lieu. Le chef de la bande eut beaucoup de peine à s'éveiller; ensuite il s'emporta violemment contre Mlle Lhopital en disant qu'il appartenait à Milord Stairs et qu'il obtiendrait vengeance d'un pareil outrage au droit des gens. On lui répondit qu'il ne saurait être avoué par aucun ambassadeur, et qu'ayant organisé des guet-à-pens et fait des ouvertures inquiétantes pour la sûreté des grandes routes et des voyageurs, il allait commencer par aller coucher en prison avec tous les siens; ce qui fut exécuté fort exactement à la poursuite de Mlle Lhopital. Elle expédia sur-le-champ un de ses courriers à M. de Torcy, en lui envoyant le procès-verbal de l'arrestation de ces Anglais joint à sa déposition personnelle sur les propositions qui lui avaient été faites par leur chef de file, à l'égard d'un voyageur qu'ils attendaient à Nonancourt. Elle fit partir le Chevalier de Saint-Georges dans une autre voiture et sous un autre costume, et fouette cocher sur la route de Nantes! La Reine d'Angleterre écrivit à Mlle Lhopital pour la remercier du signalé service qu'elle venait de **rendre au Roi son fils**; et ce qu'il y eut de charmant, c'est que M. le Régent lui envoya son portrait en marque de satisfaction. Quant à Milord Stairs, on lui ferma sur le nez les seules portes cochères qui lui fussent ouvertes dans tout Paris, et qui n'étaient qu'au nombre de deux ou trois. A la suite d'une machination si coupable et si lâche, il était devenu le mépris et l'abomination du Régent lui-même. S. A. R. ne parla qu'avec irritation d'un pareil forfait : elle y trouvait surtout de l'*insolence!* On voit qu'il avait de l'indulgence pour l'Angleterre, et qu'il avait de la bonté de reste, M. le Régent!

Il n'entre pas dans mon plan, ni dans mon cadre, de vous faire le récit de la malheureuse expédition du Chevalier de Saint-Georges en Écosse. Ce fut quelques mois après qu'il se retira dans les États romains, où il a passé le reste de sa vie et où j'eus l'honneur de lui faire ma cour en l'année 1721. Ce fut mon père, assisté du Marquis de Breteuil, qui négocia le mariage de ce Prince avec la petite-fille du grand Sobieski. Nous les retrouverons à Rome, et vous verrez comment la Princesse Casimire Sobieska, sœur de la Prétendante, avait dû se marier avec le Duc de Créquy avant d'épouser votre grand-oncle le Duc de Bouillon. Je vous dirai seulement pour aujourd'hui que son premier mari mourut dix jours après celui de leurs noces, et qu'elle entreprit alors de se faire demander en mariage par M. de Créquy-Canaples. Le pauvre fou, qu'il était, lui fit demander six mois pour y réfléchir, et la bonne envie qu'elle avait d'épouser un Créquy ne résista pas à cette impertinence. Elle a fini par épouser le Prince Frédérick de la Tour-d'Auvergne et Turenne, lequel était frère cadet de son premier mari. Mon père eut assez de peine à leur obtenir des dispenses, attendu que le Pape Clément XI et le Cardinal de Noailles n'aimaient pas ces sortes de mariages. Mais voici du rabâchage, et des mieux conditionnés, si je ne me trompe. Revenons, pour achever mon premier chapitre du Chevalier de Saint-Georges, sur un rare et curieux présent qu'il me fit remettre par le Maréchal d'Écosse, et qui consistait dans un *Noble-à-la-Rose*.

Ces pièces de monnaie, qui paraissent de facture gothique, sont précisément de la grandeur d'un double-louis, avec moitié moins d'épaisseur et de poids. Elles représentent un chevalier qui est armé de toutes pièces, et qui tient une rose à la main. Le revers en est chargé d'une croix fleuronnée ; et, quoi qu'en aient dit les dissertateurs et les antiquaires hollandais, qui se disputent depuis trois cents ans sur une chose qu'ils n'ont jamais vue, vous pouvez être assuré qu'il ne s'y trouve aucun millésime, ni aucune sorte d'inscription. Ces pièces ont parfaitement la couleur, le poids et la densité de l'or de ducat. Elles marquent sur la pierre de touche ainsi que l'or le plus pur et celui d'Ophyr, par exemple, et si vous les rompez, il en est pour la tranche absolument comme pour la superficie de la pièce. On a toujours dit que ces médailles étaient d'or *philosophique*, et quant à l'origine ou la date de ce produit du *grand-œuvre*, dont les héritiers de la Rose de Lancastre ne sont pas restés en possession, on a publié des choses tellement contradictoires, que je n'en parlerai point. Il est plus facile de s'abstenir que de se contenir, disait notre ami Fontenelle.

Toujours est-il que mon *Noble-à-la-Rose* avait donné dans l'œil de Mme d'Urfé, qui était la plus opiniâtre des alchimistes et la plus déterminée souffleuse de son temps. J'aurai l'occasion de vous reparler d'elle à propos du Comte de Saint-Germain, de Cagliostro et d'un misérable Chevalier Casanova, dont elle était l'adepte, et par conséquent la dupe. Je vous dirai préliminairement, sur Mme la marquise d'Urfé, qu'elle était fille du Marquis de Gontaut-Biron. Je crois me souvenir qu'elle s'appelait Reine-Claude, et ceci n'importe guère. Son mari, qu'elle avait épousé très-vieux, était le dernier descendant et le riche héritier du fameux Honoré, Marquis d'Urfé, à qui nous devons la composition de cet interminable roman de l'Astrée. Il avait d'abord épousé la belle et célèbre Diane de Château-Morand, qui était la femme de son frère aîné, et du vivant de celui-ci, lequel frère avait trouvé bon de planter là sa femme pour aller se faire ecclésiastique ; ce qui faisait dire au Pape Urbain VIII, qui n'entendait parler que des marquis d'Urfé pour des sollicitations de dispenses, qu'ils auraient eu besoin, pour eux deux tout seuls, d'une chancellerie pontificale et d'un Pape tout entier. Leur grand'mère était de la maison de Savoie, et ils avaient ajouté le nom impérial de Lascaris à celui de leur maison ; je n'ai jamais pu savoir en l'honneur de quel saint.

Mme d'Urfé, qui était notre parente, avait monté

la tête à la Comtesse de Breteuil à l'effet d'obtenir de moi l'échange de ma pièce d'or philosophique contre un reliquaire admirablement garni de pierreries, ce qui se voyait parfaitement bien; mais il était rempli, disait-elle, d'une précieuse collection des plus saintes reliques et des plus authentiques, ce dont je m'obstinais toujours à vouloir douter. Comme il était question de fondre ma pièce au creuset pour en induire la réalité du grand-œuvre, je finis par me trouver en but à une persécution générale; il n'y avait pas jusqu'à ma grand'mère qui ne voulût savoir à quoi s'en tenir sur la pierre philosophale. Je m'en fatiguai; je lâchai prise, et voici le résultat de notre expérience, où vint présider M. van Nyvelt, le physicien.

En décomposant mon Noble-à-la-Rose, on y reconnut seulement une vingtième partie d'or, un quart de mercure, un scrupule de fer, un autre quart de cuivre, un huitième d'étain; et, pour le surplus, un mélange de sels à base neutre, nous dit van Nyvelt, lesquels se cristallisèrent en prismes pentagones, à la grande satisfaction de la Marquise d'Urfé. — C'est une femme perdue, nous dit ma tante la Baronne; elle en a la tête à l'envers, et tout son bien s'en ira par le soufflet. Voilà ce qui n'a pas manqué d'arriver, grâce à la munificence du Chevalier de Saint-Georges, et surtout grâce à l'avidité du Chevalier Casanova.

Milord Maréchal nous dit alors que les Stuarts avaient emporté non-seulement toute leur collection de Nobles-à-la-Rose, qui remplissait une cassette aussi volumineuse à peu près qu'une *serinette* qui se trouvait sous nos yeux ; mais encore aussi tous les insignes de la royauté britannique avec les principaux joyaux de ses trois couronnes. Il ajouta que les Rois d'Angleterre avaient toujours conservé soigneusement et scrupuleusement cette sorte de médailles, et qu'on n'en saurait trouver plus de trois dans tous les cabinets de l'Europe, y compris le Noble-à-la-Rose de la Czarine, qu'elle avait payé 25 mille francs. J'ai su par M. Walpole, et longtemps après, qu'à l'exception de quelques vases et ustensiles du seizième siècle, aucun des prétendus insignes de la couronne d'Angleterre qu'on fait voir à la Tour de Londres, n'est antérieur aux *rats de Hanovre*, et que tous ces diadèmes et ces joyaux des Édouard et des Richard sont évidemment contrefaits. Walpole me disait aussi qu'on ne saurait se faire aucune idée de l'ignorance et de la jactance anglaises, et que le gardien de ces faux bijoux, qui vous les fait voir à la lueur d'une lampe, au travers d'un grillage, a toujours soin de vous répéter en vous les montrant : — *Objet sans pareil! en or très-pur, âgé de huit cents ans*, et autres forfanteries qui faisaient rougir son front de gentilhomme, et qui torturaient son cœur d'antiquaire.

Les anciens honneurs avaient été conservés par le Roi Jacques; et le Cardinal-Duc d'York, qui est le fils du Chevalier de Saint-Georges et le dernier des Stuarts, ne manquera certainement pas de les léguer au Roi de Sardaigne : c'est le chef de la maison de Savoie qui va se trouver l'héritier du sceptre de Saint Édouard, *Dei gratia, sed non voluntate hominum;* et, à défaut de la branche aînée des Princes de

Savoie, ce serait dans la postérité de M. le comte d'Artois que viendrait aboutir l'hérédité légitime et naturelle de la couronne d'Angleterre.

CHAPITRE IX.

De la haute noblesse. — Les Sires de Froulay, Comtes de Tessé. — Les Talleyrand. — L'auteur conteste leur généalogie. — Motif de chronologie qu'il oppose à leur surnom *de Périgord*. — L'Évêque d'Arras et Robespierre. — Le buffet de Versailles et l'Abbé de Talleyrand. — Le thon mariné. — Scrupule de conscience. — Première ambassade de M. de Talleyrand. — Comment il s'en acquitte. — Son zèle en faveur de Marie Alacocque. — Lettre de lui à ce sujet. — La maison de Rohan. — Celles de la Trémouille et de la Tour d'Auvergne. — Les Mailly. — Les Montmorency. — Les Clermont-Tonnerre. — La maison de Beauveau-Craon. — Celles de la Rochefoucauld, de Lévis, de Sabran, de Narbonne, de Croüy, etc. — Les Saint-Simon et les de Broglie. — Les grandes familles éteintes. — La maison de Noailles. — Contestations injustes ou suppositions ridicules à cet égard. — Les Montmorin. — Mot de Louis XV à leur sujet. — M. de Chauvelin. — Autre mot de Louis XV. — Samuel Bernard et son fils M. de Boulainvilliers. — Le chirurgien Maréchal et son fils M. de Bièvre. — Son titre de *Marquis*, provenu d'un sobriquet. — L'entrepreneur du canal du Midi. — Son extraction. — Les Mirabeau. — Prétentions exagérées. — Les Lejeune de la Furjonnière condamnés à quitter le nom de Créquy par arrêt du Parlement.

Parce que je n'ai pas imité certaines gens qui font des mémoires, et que je n'ai pas commencé par entretenir mes lecteurs de la noblesse de ma naissance, on aurait tort de supposer que je n'entende rien en généalogie, et vous verrez que sur ce chapitre-là, je sais très-bien mon affaire avec celle des autres. Je sais très-bien que ma mère était une simple fille de condition, je sais très-bien que la noblesse de ma belle-fille a plus d'apparence que de réalité; mais ce que je sais très-bien aussi, c'est que ma famille paternelle est une des quatorze maisons les plus anciennes de la monarchie française. Nous n'avons jamais eu là-dessus, dans aucun temps, ni prétentions exagérées, ni contestations quelconques, et j'ai toujours éprouvé que la généalogie des Sires de Froulay, Comtes de Tessé, qui remonte (par titres authentiques) à l'année 1065, était en possession d'une estime incontestable et d'une confiance universelle. C'est un préambule qui m'a paru nécessaire avant d'entrer dans une suite de discussions que je me trouve à portée d'éclaircir et que je me trouve en résolution d'exécuter. Sauve qui peut!

Il ne faut pas s'imaginer, par exemple, que MM. de Talleyrand soient en jouissance immémoriale du nom de Périgord, et c'est une espèce de révolution nobiliaire, ou, suivant eux, une sorte de réhabilitation que j'ai vue s'opérer sous mes yeux. Il y a vingt-quatre ou vingt-cinq familles de leur province qui sont beaucoup plus anciennes que la leur; il est assez connu que l'auteur de leur fortune est Mme des Ursins, veuve d'un M. de Chalais : et la vérité pure est qu'ils n'ont jamais pu faire remonter les preuves de leur noblesse au-delà de l'année 1460, tandis que le dernier rameau de la dernière branche de la véritable maison des anciens comtes de Périgord était déjà éteint vers la fin du XIIe siècle; ce qui fait qu'il se trouverait un abîme à combler entre les deux familles, et qu'il s'en manquera toujours de sept à huit générations pour qu'elles puissent se rattacher. Toujours est-il que ces prétendus Carlovingiens ont eu grand soin de ne jamais publier ni montrer leur belle généalogie, et qu'on n'a jamais pu savoir où la trouver pour la contrôler et pour y mettre le doigt sur le point de suture.

Le véritable nom de leur famille est *Grignaux*. Il est visible, il est indubitablement prouvé que celui de Talleyrand, qu'ils ont adopté, n'était qu'un prénom qui avait été porté par deux ou trois personnages de l'ancienne maison à laquelle ils se sont accrochés. C'est absolument comme si tout ce qui s'appelle *Bouchard* voulait être Montmorency, et comme si toutes les familles qui s'appellent *Roger* voulaient être issues des anciens Comtes de Beaufort. Mes grands-oncles disaient toujours à propos du premier mariage de Mme des Ursins, sous Louis XIV, qu'on avait été confondu de surprise en voyant une fille de la maison de la Trémoille épouser ce monsieur de Chalais, et que cela n'était provenu que de ce qu'on l'avait supposée dans la nécessité d'être mariée le plutôt possible. La supposition d'un titre de *Principauté* pour cette petite seigneurie de Chalais est une supercherie misérablement ridicule, et il est assez connu que cette Demoiselle de Chalais, qui s'intriguait de si belle sorte, et dont il est question dans tous les mémoires du temps comme étant la demoiselle de compagnie de la Marquise de Sablé, était la sœur aînée de ce prétendu prince de Chalais (1). Dans la jeunesse de

(1) « Ladite paroisse de Chalais n'a jamais été qu'un fief
« mouvant des archevêques de Bordeaux à qui les Talleyrand en
« prêtaient foi et hommage. Elle n'a jamais été érigée en *princi-*

mon oncle le Grand-Prieur, il avait eu des amourettes avec une autre de leurs sœurs, qui était première femme de la Duchesse d'Angoulême, et qui s'appelait Mademoiselle de Grignaux. Ces deux bons hommes en disaient qu'elle était *Dagorne* et *Goinfresse*. — « Vous souvenez point, Monsieur, disait le Com» mandeur à son frère aîné, qu'étant venue souper » un soir avec nous, elle avait mangé quatre per» drix, deux râles et je ne sais combien de cailles, » avec des rôties à la moelle, en nous disant *poco*, » *ma buono!* je vis de peu, mais je veux du bon! » C'était la plus misérable famille du monde, et vous allez voir que tout son patrimoine avait consisté dans la transmission de sa gourmandise héréditaire.

Quand les titres et les noms des grandes familles éteintes ont été abandonnés au pillage, on s'est mis à piller les noms des provinces; mais aucune de ces usurpations n'avait paru plus mal établie que celle des Talleyrand de Périgord. Le juge d'armes et les tribunaux avaient eu la complaisance de le souffrir; mais tous les généalogistes et tous les gens de qualité de ce temps-là furent confondus d'une pareille outrecuidance, et toute la noblesse du Périgord est encore aujourd'hui révoltée de leur prétention. Mais il est temps d'en venir à l'abbé de Talleyrand.

Sa mère et son père, qui était cadet de leur fa-

« pauté, et ne pouvait pas être même une *baronnie*, car elle
« n'avait pas le droit de *haute justice*. » V. *La dissertation de M. le comte de Flassan, sur la nouvelle généalogie du prince de Talleyrand*. Paris, 1837.

mille, habitaient Versailles, et ils étaient si pauvres qu'ils y vivaient des buffets de la cour, au détriment des profits du grand-commun. Ils avaient, en guise de maître-d'hôtel, une sorte de Maître-Jacques, qui s'en allait tous les jours chercher leur provende à la desserte des tables royales, dont les officiers avaient ordre de le traiter favorablement. Ainsi l'on pourrait dire que M. de Talleyrand a été nourri des miettes qui tombaient du buffet de Versailles. On sait que Bonaparte avait dû son éducation militaire à la libéralité de nos rois, et je vous puis assurer que Robespierre avait été élevé par la charité de M. de Conzié, l'Évêque d'Arras. *O Altitudo!* comme disait toujours ma grand'mère, qui savait le latin, qui se gendarmait toujours contre les usurpations, et qui se révoltait toujours contre l'ingratitude.

A propos de ma grand'mère et de ces pauvres Talleyrand, je vous dirai qu'elle en savait quantité d'histoires, et en voici une qu'elle me disait un soir à l'hôtel de Canaples, où je la vois d'ici avec un vieux bas de robe en velours mordoré, ajusté de bonnes-grâces, lesquelles étaient relevées en manière de draperies par de gros papillons en porcelaine de Saxe. Elle avait aussi le même jour, une certaine jupe en drap d'argent, dont le devant consistait dans un orchestre en triangle et composé de cinq ou six rangées de gradins couverts de musiciens brodés en relief avec leurs instrumens et des joues plus grosses que des prunes ; mais elle ne s'en souciait pas beaucoup, de sa belle jupe, attendu que ces magnificences-là se trouvaient passées de mode. Elle avait entrevu cela.

Vous saurez donc qu'après la mort de la Reine Marie de Pologne, à Versailles, on avait distribué toutes ses provisions de cuisine et d'office, et qu'il en échut pour le ménage Talleyrand un baril de thon mariné. Ceci leur fit d'autant plus de plaisir et de profit qu'on était en carême, et que c'était les deux personnes les plus chafriolantes et les plus régulièrement timorées de l'univers catholique. Il est bon de vous dire aussi qu'ils se piquaient d'un savoir-vivre recherché et d'une grande érudition gastronomique, et qu'ils parlaient toujours de ce qu'ils avaient mangé ; ce qui faisait tous les frais de leurs entretiens du soir avec le Comte de Brancas, le Duc de la Vrillière et les autres vieux gourmands du château. C'étaient des cailletages à nous faire sécher d'ennui, et puis c'étaient des moqueries à n'en plus finir sur le Comte et la Comtesse de Talleyrand qui se montraient si difficiles et qui trouvaient moyen de faire si bonne chère à si bon marché. Après qu'ils eurent bien mangé et bien parlé de leur thon mariné, qu'ils avaient trouvé substantiel et délicat, succulent, esculant, exquis et bien supérieur à tout ce que l'expérience et l'observation leur avaient appris sur les conserves de Provence, on découvrit, au milieu de la semaine sainte et de la saumure, une vertèbre de lapin qui se trouvait dans un état d'adhérence parfaite et naturelle avec une tranche de cet excellent poisson. Le père et la mère Talleyrand faillirent en suffoquer d'horreur et d'effroi ! Pour en faire sa cour à Mesdames de France, qui étaient la régularité même, Madame de Brionne envoya chercher à Paris M. de Buffon, qui vint examiner la provision de thon mariné de la grande écurie, avec deux autres naturalistes du jardin du Roi. Mme la Chancelière, qui faisait la dévote, ambitionna beaucoup cette distinction-là ; mais le comte de Buffon répliqua noblement qu'il ne s'était dérangé pour Mme la Comtesse de Brionne que parce qu'elle était Grand-Écuyer de France et Princesse de la maison royale de Lorraine ; ainsi la Chancelière en fut pour ses frais d'inquiétude, et voici pour les Talleyrand ce qu'il en arriva.

Malgré la droiture et l'innocence de leurs intentions, le Chevalier de Montbarrey vint à bout de leur persuader, pour se moquer d'eux, qu'ils se trouvaient *en cas réservé*, et voilà qu'on expédie bien vite à Paris le jeune Abbé de Talleyrand, pour aller confier à l'Archevêque, M. de Beaumont, que son père et sa mère (c'est de l'Abbé dont il s'agit) avaient mangé du lapin pendant tout le carême, qu'ils en avaient l'abomination de la désolation dans les entrailles, et qu'ils conjuraient et adjuraient M. l'Archevêque ou son Grand-Pénitencier de les relever de l'interdiction des sacremens, qu'ils avaient encourue sans se douter de rien, *ipso facto*, comme leur disait Montbarrey. Ce qu'il y avait de plus ridicule dans la pétition, c'est que leur affaire ne pouvait concerner en aucune façon l'Archevêque de Paris, attendu que Versailles est du diocèse de Chartres ; mais le Chevalier leur avait persuadé que c'était une de ces causes réservées pour *l'officialité métropolitaine*, afin d'augmenter leur inquiétude et de compléter la mystification.

M. l'Abbé resta sept ou huit jours à Paris sans

donner signe de vie à sa pauvre mère, qui était demeurée dans une angoisse abominable.— Eh bien, mon enfant, qu'est-ce que vous a répondu Monsieur de Paris? — Mais, Madame, il ne m'a pas dit grand'chose, et je crois me souvenir qu'il m'a *envoyé paître*....

Depuis, quand on a su quelle était la légèreté de l'Évêque d'Autun pour l'exécution des commandemens de l'Église, on a pensé qu'il ne s'était peut-être pas acquitté de la commission de sa mère, et plût à Dieu qu'il n'eût pas autre chose à se reprocher pour l'observation du Décalogue!

Ce qui lui a fait le plus d'honneur pendant sa carrière épiscopale, et ce qu'il a fait de plus méritoire en toute sa vie, peut-être, c'est d'avoir poursuivi, comme il a fait avec un zèle infini, la Béatification d'une bonne Religieuse du diocèse d'Autun, qui s'appelait Marie Alacocque, et qui, du reste, avait été la plus vénérable et la plus sainte personne de son temps. M. de Talleyrand m'a fait plus de cent visites, et m'a peut-être écrit deux cents lettres, pour me faire parler de cette bienheureuse fille à M. le Nonce, à M. le Duc de Penthièvre, à Mme la Comtesse de Toulouse, au Baron de Breteuil, à M. de Brienne, à tous les Ministres, à tous les Ambassadeurs d'Italie, enfin à tous les personnages en crédit, où son crédit n'atteignait pas. Vous pouvez juger de l'intérêt qu'il y mettait par la lettre suivante :

Autun, 4 décembre 1788.

« J'arrive icy, Madame. Je ne manque pas à vous rendre grace
  de votre bienveillance pour le diocèse, votre protection, je

« puis dire. Il est essenciel, indispensable pour l'édification des
» âmes, la satisfaction de ce clergé, la considération personnele
» de l'évêque que l'affaire marche. La décision sur la qualité
» préliminaire de vénérable servante de Dieu a été obtenue dès
» 1757. Je l'ai vérifiée. C'est donc sur celle de Bienheureuse
» qu'il faut me diriger en attendant la canonisacion. Ce sera l'af-
» faire de mes successeurs au gouv^t de cette église arrosée, illus-
» trée, fécondée par le sang de tant de généreus martirs. Ose-
» rai-je vous supplier d'engager m. le d. de Penthièvre à vouloir
» bien recommander la chose à son beau-père m. le d. de Modène
» en le priant de s'y intéresser auprès de n. s. p. le pape et d'en
» écrire à m. le cardinal secrétaire. Celui de la congrégation *ad*
» *hoc* est peu bienveillant ; il ne pense pas quelle est la dignité
» de mon siége et que j'ai le pallium comme l'archevêque de
» Lyon. m. le card. de Bernis, très indifférent, y met une légè-
» reté scandaleuse. Permettez que m. le marquis trouve ici mille
» complimens pour lui. Recevez avec bonté l'assurance des sen-
» timens de respect dont j'ai l'honneur de vous renouveler l'ex-
» pression. Je vous assure que je suis avec une confiance égale à
» ma vénération pour vous, madame,

» Votre très humble et très obéissant serviteur

» † Ch. M. Év. d'Autun. »

M. l'Évêque d'Autun fut détourné de cette bonne
œuvre par ses travaux à l'assemblée législative, où
nous l'avons vu pointer ses batteries d'un autre côté
que celui des *Béatifications*. Il est à remarquer que
toutes les peines que s'était données M. de Talleyrand n'auraient pu servir à rien dans cette sorte
d'entreprise, où l'on a découvert qu'il avait mis
plus d'empressement que d'exactitude, et beaucoup
plus de zèle pour sa *considération personnelle* que de
véracité canonique. Les informations qu'il avait
adressées à la cour de Rome ont été trouvées *subrep*

tices. Le résultat des Monitoires avait démenti plusieurs détails affirmés par cet Évêque ; enfin, *l'Avocat du diable* (c'est le nom que le peuple Romain donne au Prélat contrôleur) avait fini par déclarer que la relation d'un nouveau miracle attesté par M. de Talleyrand n'avait aucune autre autorité que celle de sa signature. Il a fallu recommencer des informations plus régulières, au milieu desquelles est survenue la révolution française avec le serment constitutionnel et tout ce qui s'ensuit. Je vous dirai donc que c'est principalement à cause de cette pieuse fraude de M. de Talleyrand que la béatification de la Vénérable Marie Alacocque en est restée là. Comme le petit Maréchal (de Bièvre) entendait toujours parler de Marie Alacocque et de ce jeune prélat (M. de Talleyrand a été très-jeune et très-longtemps jeune), il lui donna le sobriquet de Joseph à-la-mouillette. Si je vous rapporte une sottise qui paraît aboutir à l'irrévérence, c'est pour vous prouver qu'à cette occasion-là, tout le monde avait pris la liberté de se moquer de M. de Talleyrand, qui s'en est vengé cruellement, comme chacun sait.

On est devenu tellement ignorant, en France, sur tout ce qui se rapporte à la généalogie, qu'il en résulte un malentendu continuel avec des injustices insupportables. Par exemple, vous entendrez dire que la maison de Montmorency est la plus grande et la plus noble famille de France, ce qui n'est pas vrai, puisque les Rohan, les la Trémoille et les la Tour d'Auvergne ont un rang supérieur à tout le reste de la noblesse, tandis que les Montmorency n'en sauraient avoir aucun, par la raison qu'ils n'ont jamais exercé la moindre apparence de souveraineté (1). A la vérité, vous entendrez dire, un quart d'heure après, et quelquefois dans le même salon, que les anciens Montmorency ne subsistent plus, et que ceux de nos jours ne le sont que *par les femmes*, ce qui n'a pas l'ombre du sens commun. Les trois branches actuelles de cette maison n'avaient jamais été perdues de vue, et sont tout aussi bien Montmorency que le dernier de leur branche ducale, qui n'avait pas laissé d'enfans : ne vous laissez donc ni subjuguer par les uns, ni dérouter par les autres. Tous les Montmorency que vous rencontrerez, et qui sont au nombre de quinze ou vingt, sont indubitablement de cette ancienne maison ; mais il ne s'ensuit pas du tout qu'ils soient hors de pair avec la haute noblesse ! La première famille de France, après la maison royale, est évidemment celle de Lorraine ; la seconde est, sans contredit, celle de Rohan ; et la troisième est celle de la Tour d'Auvergne ou de Bouillon-Turenne, si vous l'aimez mieux ; la quatrième est, à mon avis, celle de la Trémoille, à cause de son titre légitime à la succession du royaume de Naples. Je vous avouerai, mon enfant, que la position nobiliaire des Princes de Tarente me paraît supérieure à la vôtre, mais ceci n'est qu'entre nous deux, bien entendu.

(1) On pense bien qu'il ne s'agit pas des *la Tour d'Auvergne-Lauragais*, dont on ne soupçonnait pas l'existence avant la révolution. Cette famille n'avait été connue dans l'ancien régime que sous le nom de la *Tour-Saint-Paulet*, et M me de Créquy n'entend certainement parler ici que des Sires de la Tour, Ducs de Bouillon, Comtes d'Auvergne et Vicomtes de Turenne. (*Note de l'Éditeur.*)

Sur un même rang et hors de ligne avec toutes les autres familles originaires de France, les généalogistes les plus habiles et les plus consciencieux ont toujours pensé qu'il était juste de faire une sorte de pêle-mêle entre les quinze ou vingt familles de la plus haute noblesse, savoir : les Mailly de Nesle, qui sont les véritables princes d'Orange, et les Ducs de Mailly-d'Haucourt, leurs agnats (Saint-Louis disait les *antiens Mailly*) ; les Montmorency, dont la seule illustration hors de ligne est d'avoir fourni cinq Connétables ; les Clermont-Saint-Jean, Tonnerre et Thoury, car ils ont la même origine ; les Beauveau de Craon, qui sortent des Plantagenets, et qui ont eu l'insigne honneur de fournir une aïeule directe à la maison royale de France ; les Lévis de Mirepoix, qui sont restés Grands-Maréchaux héréditaires *de la foi*, pour avoir soumis les Albigeois ; les *Marquis* d'Harcourt, car la filiation de la branche *Ducale* est suspecte ; les Sabran, anciens Comtes, souverains d'Aryane et de Forcalquier ; cette grande maison de la Rochefoucauld, qui était un colosse de pouvoir et un soleil de magnificence aux temps gothiques ; les Rochechouart de Mortemart et de Faudoas, qui proviennent des Austro-Francs de Limoges, les Narbonne-Pelet, grande race, et la fleur des chroniques méridionales ; les Villeneuve de Trans, premiers Marquis de France ; les Choiseul, qui sont peut-être une centaine, et les Bauffremont, qui sont réduits à la triste personne de M. de Listenois ; les illustres Croüy, les Saulx-Tavannes et les Conflans-d'Armentières ; les très-nobles et très-anciens Maillé les Béranger de Sassenage et les Sires de Pons, les Béthune de Flandre et les Beauvoir du Roure, enfin les Goyon de Bretagne et les Turpin de Crissé, qui sont d'une antiquité prodigieuse. Si je ne vous mentionne pas ici les héritiers des anciens Vicomtes de Polignac, c'est parce que ceux-ci ne le sont que par les femmes, et qu'on ne sait pas grand'chose au sujet de leur famille dont le nom patronymique est Chalençon. Je ne vous ai rien dit non plus de la généalogie de MM. de Damas, attendu qu'il n'est pas facile de s'y reconnaître, et parce que je ne saurais qu'en dire, sinon qu'ils ont toujours été grandement alliés. Les Crussol d'Uzès, doyens des Pairs laïcs, les Castellanne et les Gontaut de Biron, les Caumont de la Force et les Durfort de Lorges ou de Duras, sont également des gens de grande naissance; mais je n'en dirai pas autant des Rouvroy de Saint-Simon, dont le nom de famille était *le Borgne*, et qui sont des gens de peu de chose, en dépit de l'auteur des Mémoires et de ses prétentions vaniteuses. Je ne vous parlerai pas ici des grandes familles d'origine étrangère, telles que celles des Princes de Savoie-Carignan, des Comtes de Faucigny, leurs agnats, des Ducs de Brancas, de Fitz-James et de Melfort; des Comtes de Lamarck, de Lowendall, de Bassompierre, de Vintimille, de Lignéville, de Lénoncour, etc.; car ce serait sortir de mon sujet que j'ai voulu restreindre à la noblesse française. Quant à MM. de Broglie qui sont devenus grands seigneurs, et qui nous étaient venus du comté de Nice, on a su que leur nom *del Broglio* signifiait *Dumoulin* dans leur patois niçard, et voilà tout ce qu'on en a jamais su.

Tout le reste des familles ducales ou des autres familles implantées à la cour de France, est du sixième au dixième et dernier rang en fait d'ancienneté prouvée par titres. Il n'y a malheureusement plus rien de ces grandes races historiques de Courtenay, de Lusignan, de Beaujeu, de Poitiers, de Rieux, d'Estaing, de Nérestang, de Coucy, de Châtillon, de Montgommerry, de Xaintrailles et du Guesclin que j'ai vu s'éteindre. Il y a peut-être encore en Bresse un pauvre rameau déchu des anciens Comtes de Châlons? Si vous en trouvez jamais quelqu'un, souvenez-vous que vous êtes parens; souvenez-vous que je vous ai parlé d'eux, mon Enfant, et tendez-leur une main secourable, ainsi qu'il est usité dans votre noble et généreuse maison.

Une chose qui m'a toujours donné la meilleure opinion des Noailles, c'est la protection qu'ils n'ont jamais cessé d'accorder à tous les gentilshommes qui pouvaient leur prouver qu'ils avaient l'honneur de leur appartenir, la situation du réclamant et le degré de parenté n'y faisant rien ! Vous entendrez dire également, à propos de la maison de Noailles, qui n'a pas manqué d'envieux, comme il est aisé de le penser, que sa noblesse n'est pas des plus anciennes, et qu'il existe une tapisserie chez MM. de Montmorin (les autres disent un tableau) où le seigneur de Noailles est représenté faisant l'office de maître-d'hôtel, à la table du Seigneur de Montmorin, avec la date de l'année 1593 ; ce qui faisait que les Ducs de Noailles étaient pensionnés par l'aîné des Montmorin qui les obligeait, par malice, à toucher une rente annuelle de dix écus. Il y a pourtant quelque difficulté dans cette anecdote ; d'abord les Noailles qui possédaient, depuis le XIIe siècle, la terre et le château de leur nom dans la vicomté de Turenne, avaient toujours eu, pour le moins, autant de puissance féodale et de haut patronage que les Montmorin. Ensuite, le Seigneur de Noailles, en l'année 1593, était déjà Comte d'Ayen, qualification magnifique et très-rare au XVIe siècle, tandis que les Seigneurs de Montmorin n'étaient pas encore sortis de leur bourgade ou de leurs vieux castels. Enfin l'histoire de la rente annuelle est un mensonge, et personne n'a jamais vu la tapisserie ni le tableau, qui n'ont jamais existé. Il faut vous dire que les Montmorin avaient toujours été les gens de qualité les plus misérables, et dans les établissemens les plus chétifs et les plus dépenaillés de la terre salique ; aussi, quand on voulut mettre en circulation cette belle histoire, je me souviens que le Roi Louis XV avait dit : — Est-ce qu'il y a jamais eu telle chose que des tapisseries, chez les Montmorin ? Le feu Roi connaissait très-bien toute sa noblesse, et c'est à cause de cela qu'il avait les prétentions carlovingiennes à souverain mépris. — Nous avons eu bien de la peine à prouver, me disait-il un jour, que nous descendons de Robert-le-Fort, et l'on voudrait qu'un malheureux hobereau, mangeur de chèvre, établît qu'il est issu de la première maison d'Aquitaine ? Allons donc, ces gasconnades-là font pitié ! Le Roi, mon grand-père, ajouta-t-il ensuite, avait fait brûler par la main du bourreau la généalogie des princes lorrains qu'on y disait issus de Charlemagne, en ligne directe, *ce qui n'était pas vrai!...*

Si Louis XV avait prévu que son petit-fils, M. le Comte de Provence, aurait fait reconnaître les Montesquiou pour être provenus de la maison d'Armagnac, il aurait été bien en colère, et bien étonné surtout !

Je me souviens que le Comte de Chauvelin disait un jour au Roi que les Thiboutost de Normandie taient des gens de bonne maison, mais que c'était une famille *de province.* — Mais, vraiment, dit le Roi, c'est la même chose pour tous les gens de bonne maison. Est-ce que vous en connaissez beaucoup qui soient originaires de la *rue Saint-Denis ?* L'épigramme était *ad hominem,* à cause du grand-père Chauvelin ; mais le Roi n'avait répondu ceci que par distraction ; il n'adressait jamais un propos désobligeant à personne, sans compter qu'il aimait beaucoup M. de Chauvelin, et il devint rouge comme une cerise.

Le Duc de Nivernais m'a conté qu'un des Laval avait osé parler en présence du Roi de ce misérable pamphlet, qui est faussement intitulé : *Mémoire du Parlement de Paris contre les Ducs et Pairs,* où l'on disait, entre autres sottises, que MM. de la Rochefoucauld descendaient originairement d'un boucher. — Quelle ignorante et folle diatribe ! avait dit le Roi ; ils descendent incontestablement d'un Haut-Baron qui s'appelait Foucauld, Sire de la Roche en Angoumois, et qui vivait en l'an 1000 ! Excusez du peu : et comment l'auteur de cette rapsodie n'a-t-il pas appris que le Roi François Premier était le filleul du Comte François de la Rochefoucauld, Prince de Marsillac?

— MM. de la Rochefoucauld *bouchers!* C'était donc à l'époque où les rois étaient *bergers?* répondis-je à M. de Nivernais, qui s'extasia sur cette remarque, et qui se fâchait toujours quand on l'attribuait au Duc de la Rochefoucauld. Il est vrai que celui-ci n'en faisait pas souvent, de fines remarques, ou du moins, il n'y paraissait pas. Je me rappelle aussi que le petit Maréchal avait fait une drôle de *Jeannoterie* sur le jeune M. Bernard, qui s'était décoré du nom de Boulainvilliers, parce qu'il avait la terre de ce nom-là, et parce que sa mère était de cette ancienne famille picarde (1). M. Maréchal disait donc que M. Bernard était devenu Boulainvilliers *par terre, par mer et par air;* mais ce qu'il y a de plus joli dans l'affaire du petit Maréchal, c'est qu'il avait fini par se faire appeler M. de Bièvre, et que M. de Boulainvilliers l'avait affublé du titre de Marquis dont il n'a jamais pu se débarrasser. Son père avait acquis la terre de Bièvre après avoir fait sa fortune à titre de premier chirurgien du Roi, et de plus, il avait été mon accoucheur. Le jeune homme avait la plus jolie tournure et le plus joli

---

(1) Julien-Charles-Joseph Bernard de Coubert, Marquis de Passy-sur-Seine, Maître des requêtes de l'hôtel et Prévôt de Paris. Il était le petit-fils du riche et célèbre Samuel Bernard, que j'ai très bien connu, et qu'on aurait grand tort de se représenter comme un juif ignoble ou comme un financier ridicule. Samuel Bernard, Comte de Coubert-en-Brie, conseiller d'Etat du Roi Louis XIV, et Chevalier de son ordre de Saint-Michel, était fils du peintre et graveur Samuel Bernard, originaire d'Amster-

minois possibles ; il avait une sorte d'esprit qui consistait à jouer sur les mots ; ils appelaient cela faire des *calembourgs*, et je n'ai jamais su pourquoi. Vous pensez bien qu'on ne le voyait pas dans un certain monde, mais il était la coqueluche des financières et les délices du foyer de l'Opéra. Il y disait un jour, à votre père, avec un air de fatuité familière : — J'espère, M. de Créquy, que vous me pardonnerez de ne pas vous avoir fait une visite pour le premier janvier : j'ai les visites en horreur, et je n'en fais jamais à personne ! — Mon petit Maréchal, lui répondit mon fils, heureusement pour ma mère et pour moi que monsieur votre père n'avait pas la même aversion !....

Je viens d'user encore une fois de mon privilége de grand'mère, en n'astreignant mes récits à aucun ordre chronologique, et vous faisant enjamber

dam, où leur famille occupe encore un rang distingué dans la bourgeoisie municipale sous les noms de Bernard van der Grootelindt et de Bernard van Cromwyck. Il y a même eu des Pensionnaires de la République dans cette famille. Samuel Bernard, le millionnaire, était né dans la communion des calvinistes, et c'est parce que son père avait embrassé la secte d'Arminius qu'il avait été contraint à s'expatrier. Après avoir fait la banque avec un succès prodigieux et une probité notoire, Samuel Bernard (deuxième du nom) était de mon temps un vieux magistrat dont les habitudes étaient modestes et dont la bienfaisance était inépuisable. Il ne distribuait pas moins de vingt-cinq mille écus par an pour aumônes ou pensions charitables. Après sa mort, on a trouvé pour cinq millions de reconnaissances dont il avait raturé les signatures, et dont ses héritiers ne pouvaient exiger ni poursuivre la rentrée, en exécution d'un codicile à son testament. Ce généreux et vénérable homme est mort à Paris, en 1739, âgé de 89 ans.

(Note de Madame de Créquy.)

d'un temps sur un autre. Je vous parlerai dans un chapitre séparé de ces étranges Lejeune de la Furjonnière, que mon fils avait fait condamner à quitter votre nom qu'ils avaient usurpé, mais j'ai su dernièrement qu'en dépit de l'arrêt du parlement, il existe encore un de ces Lejeune qui se fait appeler M. le Chevalier de Créquy, sous prétexte qu'il n'avait pas été mentionné nominativement, dans la sentence, avec ses frères. Vous saurez à quoi vous en tenir sur la valeur et la loyauté d'une pareille argutie. Vous verrez, mon Enfant, que c'est bien assez d'avoir à répondre de la conduite de ses proches et de ses agnats au tribunal de l'opinion publique, sans entrer encore en solidarité pour des gens qui voudraient s'accrocher à vous et qui prennent votre nom sans en avoir le droit. On ne saurait s'exempter de sollicitude et quelquefois d'inquiétude pour ses parens véritables, et c'est déjà plus qu'il n'en faut pour user son crédit Voilà le motif réel et raisonnable de nos poursuites contre cette famille Lejeune, à qui je vous recommande de ne jamais témoigner aucun sentiment d'hostilité rancunière.

Figurez-vous que je suis encore une petite fille, et retournons à l'hôtel de Breteuil.

CHAPITRE X.

Les duels. — Tribunal du Point-d'Honneur. — Querelle sérieuse au sujet d'un angora. — Le Duc de Richelieu. — Le Comte Em. de Bavière. — Le Chevalier d'Aydie, Comte de Riom. — Le Maréchal de Chamilly. — M. Bouton. — Sa mort. — Remarque sur les armes de Breteuil. — Mariages forcés. — Première entrevue. — Singulier usage et quiproquo. — Le Marquis de Créquy.

La fermeté rigoureuse et salutaire de Louis XIV avait si bien amorti la fureur des duels en arrêtant ce torrent de sang qui, depuis les derniers Valois, avait entraîné dans l'abîme une si grande partie de la noblesse de France, qu'on n'avait pas ouï parler d'un seul duel depuis dix-sept ans. Six semaines ou deux mois peut-être après la mort du Roi, on apprit que deux officiers aux gardes françaises venaient de s'escrimer impertinemment sur le quai des Tuileries au-dessous de la terrasse, en plein jour et en plein soleil d'été; mais comme il se trouva qu'un de ces deux jeunes gens était de famille de robe, M. le duc d'Orléans se considéra si bien comme empêtré dans ses obligations et ses combinaisons politiques envers MM. du Parlement, qu'il se contenta de les renvoyer du régiment des gardes (les gladiateurs) et de les condamner à passer quinze jours en prison. L'un d'eux était M. Ferrand, dont le père était Conseiller à la première des enquêtes, et l'autre était un fils de M. Girardin, l'intendant de marine à Toulon. J'aurai l'occasion de vous reparler de celui-ci, qui fut blessé grièvement, et notez que c'était pour la possession d'un chat d'Angola qu'ils s'étaient battus à l'épée. M. le Régent se les fit amener pour les chapitrer avant de les destituer et de les faire emprisonner, et, vu le beau sujet de la dispute, il leur dit qu'ils n'auraient dû s'attaquer qu'avec les ongles. Le tribunal de la Connétablie ne s'était pas soucié d'intervenir dans leur affaire, sous prétexte que l'un de ces deux assaillans n'était pas gentilhomme et qu'il aurait pu décliner la juridiction des juges du point-d'honneur; ce qui n'était guère à supposer et ce qui fit penser que la judiciaire des Maréchaux de France avait pu se rouiller par le défaut d'exercice.

M. de Richelieu, qui se mourait d'envie de chercher noise au Comte Emmanuel de Bavière (à propos d'une chattemitte), et qui trouva que la conduite de M. le Régent n'était pas décourageante, M. de Richelieu, vous dirai-je, alla s'établir en grand équipage sur la route de Paris à Chantilly, par où devait déboucher M. de Bavière; et, comme il avait eu soin de faire encombrer et barrer la route par ses voitures, il en résulta des querelles entre les valets. Les maîtres descendent; on se parle avec hauteur; on se provoque, et voilà nos deux rivaux l'épée à la main (1).

(1) Emmanuel, Comte de Bavière et du Saint-Empire, Grand d'Espagne de la première classe, Colonel-propriétaire, au service de France, du régiment Royal-Bavière, à la tête duquel il fut tué d'un coup de canon à la bataille de Laufelt en 1742. Il était

— *Halte là, Messieurs! de par le Roi!* s'écria-t-on dans la foule, — *Assignés vous êtes à la Connétablie de France, au terme de huitaine, et par nous clamant et proclamant, le Chevalier d'Auvray, Lieutenant de Nosseigneurs les Maréchaux de France et Greffier du point-d'honneur.*

Il fallut rengaîner les deux épées, car la désobéissance à M. d'Auvray (qui se trouvait là par hasard) aurait entraîné ces deux jolies et mauvaises têtes entre la hache et le billot; il fallut donner parole d'honneur de ne pas se rejoindre, et même de s'éviter jusqu'au moment de l'audience, où toute la jeune noblesse avait afflué des quatre coins de l'Ile-de-France. Le Doyen des Maréchaux, qui remplaçait le Connétable, était le Maréchal de Tessé. Il était assisté des Maréchaux de Villars, de Tallard, de Berwyck, de Matignon, d'Harcourt et d'Estrées. Tous les jeunes Seigneurs étaient là sans épée, tête nue, dans un profond silence, et nos cousins nous dirent que rien n'était plus imposant que ce vieux et glorieux sénat des juges de la noblesse et du point-d'honneur. Il ne s'agissait pourtant que d'instrumenter pour ou contre deux étourneaux; mais leurs ancêtres apparaissaient derrière eux, et leur postérité se trouvait en regard. C'était un sang généreux et

---

fils légitimé de l'Empereur Charles VII et de la Comtesse Marie d'Arco. Il n'a laissé qu'une fille héritière de sa Grandesse, laquelle a épousé le fils aîné du Marquis d'Hautefort, Chevalier des ordres et Gouverneur de Touraine. La Comtesse d'Hautefort a toujours été mon intime amie, et c'est une personne d'un caractère angélique. « La douceur est une qualité du second ordre et du plus grand prix. »   (*Note de l'Auteur.*)

trop ardent qu'il ne fallait pas laisser couler en pure perte, c'était deux anneaux d'une utile et forte chaîne qu'il ne fallait pas laisser couper. Si nous savions combien la Noblesse des autres pays nous envie cette juridiction paternelle de nos Maréchaux, et combien les étrangers admirent cette institution du Point-d'honneur, qui n'existe qu'en France, nous en serions plus orgueilleux que de leur avoir fourni l'Encyclopédie par ordre de matières et l'Homme-aux-quarante-écus. Toujours est-il que le Duc de Richelieu fut obligé de faire des excuses au Comte Emmanuel, et qu'il eut le bon goût de chasser rigoureusement tous ses cochers, en ayant la justice de les pensionner libéralement. Je vous reparlerai souvent du même Duc de Richelieu, qui est devenu doyen des Maréchaux de France, et qui a fait mettre votre père à la Bastille pour l'empêcher de s'aller battre en duel.

Cette autorité, dont l'application n'a lieu que sur le point-d'honneur, dont l'exercice n'appartient qu'aux Maréchaux de France, et qui s'étend sur tout le reste de la noblesse, a son origine dans la souveraine juridiction que le Connétable exerçait autrefois sur les jugemens par champions. C'est un tribunal d'exception, s'il en fut jamais, car il n'y a que les nobles qui soient ses justiciables, et pour décliner l'exécution de ses arrêts, il est suffisant d'exciper de sa qualité de roturier quand on veut s'en prévaloir. Écoutez le récit d'une autre belle affaire qui fut plaidée l'année suivante à la Connétablie.

M. l'Abbé d'Aydie, qui n'avait d'un abbé que le costume et deux prieurés commandataires, avait reçu d'un jeune commis des finances un coup d'épée dans la cuisse, et c'était chez une demoiselle de l'Opéra. (M. de Richelieu disait que la culotte du blessé n'en avait pas été trouée.) Mᵐᵉ la Duchesse de Berry lui fit quitter le petit collet pour prendre la croix de Malte : On a parlé de lui pendant long-temps sous le nom du Chevalier d'Aydie, et puis sous celui de Comte de Riom, car c'est un même personnage et le même favori de cette folle Princesse. Depuis qu'il avait repris l'épée, le même commis des finances était continuellement à sa poursuite et voulait toujours le faire dégainer : M. d'Aydie se battit volontiers quatre ou cinq fois ; mais la Duchesse de Berry finit par en prendre de l'inquiétude, elle fit dénoncer la querelle au Point-d'honneur, et voilà ces deux champions assignés par-devant la Connétablie de France. C'était le Maréchal de Chamilly qui présidait le tribunal, et tout aussitôt qu'il eut appris que l'adversaire du Chevalier n'était pas gentilhomme, il s'écria : — Que diable vient-il faire ici, et pourquoi nous appelle-t-il Monseigneur? — Est-ce que tu prétends que nous soyons tes juges? Est-ce que tu nous prends pour un Évêque ou pour un Garde-des-Sceaux? Nous ne voulons pas que tu nous appelles Monseigneur, et puis tu nous viens dire que tu t'appelles Bouton ; est-ce que tu prétendrais te moquer du monde?..... et le voilà dans une abominable colère contre ce jeune homme, parce qu'il avait pris la liberté de l'appeler Monseigneur et qu'il se donnait les airs de s'appeler M. Bouton ! Il ne sortit pas de là.

Il est bon de vous faire observer que cette qualification de Monseigneur n'est accordée par nous autres aux maréchaux que parce qu'ils sont les juges de la Noblesse, et les anciens n'aimaient pas du tout à se la voir donner par des roturiers. Je vous dirai, du reste et sauf le respect pour le Bâton, que le Maréchal qui se montrait si nobiliaire et si pointilleux, avait nom M. Bouton de Chamilly, ce qui ne l'empêchait pas d'être assez bon gentilhomme, ainsi que l'avoue le Duc de Saint-Simon, lui-même !

Le tribunal eut la malice de recommander au père de la Duchesse de Berry de vouloir bien faire emprisonner l'amant de sa fille au fort de Ham, et ceci par lettre de cachet, afin de lui apprendre à se conformer aux édits qui proscrivent les duels ; et pour deux ans, portait la cédule, attendu qu'il avait accepté de se battre avec un roturier. La Duchesse de Berry lui fit avoir sa grâce au bout du semestre ; le commis avait été renvoyé libre comme un nuage, attendu qu'il n'était pas justiciable du Point-d'honneur, mais la Princesse du Chevalier d'Aydie le fit traquer, saisir, claquemurer, poursuivre par les gens du Parquet, et la méchante ne prit nul repos qu'elle ne l'eût fait pendre, ce qui s'effectua le 19 juin 1719, à l'horreur, au scandale et à l'abomination de tout Paris !

Cette Princesse ne survécut pas plus d'un mois à ce malheureux jeune homme, qui s'appelait effectivement M. Bouton, tout ainsi que le Maréchal de Chamilly. La sensible Émilie disait spirituellement que, s'ils ne faisaient pas la paire, ils n'en étaient pas moins sortis de la même fabrique. Elle était dénigrante et méprisante au point d'en impatienter, et je me souviens à cette occasion-ci, d'une petite exécution que je lui fis subir. Ce qui suit n'aura l'air de rien, mais ce sera toujours par de semblables choses, et par de petites choses, que je pourrai vous faire connaître ce grand personnage.

Émilie nous parlait assez souvent de la bonne mine et du grand air de ses armoiries, qui sont au contraire d'une vulgarité désolante. — Mais, je n'ai jamais su, lui dit notre tante (la dédaigneuse et la peureuse), ce que pouvaient signifier tous ces barillets qui sont devenus les armes de Breteuil? — Madame, ils sont disposés, ce qui s'appelle en *trainée*, répondit Mme du Châtelet avec un ton d'outrecuidance inconcevable, ainsi vous devez bien penser que ce sont des barils de poudre... — J'aimerais mieux vous entendre dire que ce fussent des barils de... (*tout ce qu'il y a de plus sale*)... — Et pourquoi donc, s'il vous plaît? me dit-elle avec un air étonné? — C'est bien autrement ancien que la poudre à canon, dont l'origine ne remonte pas à l'année 1599, et qui, par conséquent, ne saurait être *présentable* à Versailles : je ne sais comment vous n'avez pas calculé ceci? Elle se mit à réfléchir, à nombrer, à supputer par les dates, et partant de là, nous n'avons jamais eu l'ennui de l'entendre reparler de ses armes de Breteuil.

Mlle de Biron fut épousée, malgré qu'elle en eût, par le Comte de Bonnac, et bientôt après, Mlle de Villeroy devint la femme du Marquis d'Harcourt, qui faillit en mourir de chagrin, parce qu'il adorait Mlle de Biron et qu'il en était payé d'un parfait retour. Tout le monde y prit part, en s'irritant contre deux actes de violence aussi dénaturée ; et quoi qu'on en dise aujourd'hui, je vous assure que rien n'était plus rare et plus désapprouvé que ces sortes de mariages.

Ma grand'mère de Froulay me dit un jour : — Mon petit cœur, il est question de vous marier, ce me semble? et la voilà qui change de conversation sans avoir jeté les yeux sur moi. Je m'étais sentie rougir, et je lui sus bon gré de sa délicatesse.

Mon père étant venu me voir le surlendemain : — Mon enfant, dit-il, il est question pour vous d'un parti qui me paraît sortable ; je vous prie d'écouter ce que votre tante vous en dira ; et mon père ne m'en dit pas une parole de plus.

Ma tante (la Baronne) me demanda, deux jours après, si je n'avais jamais pris garde au Marquis de Laval-Boisdauphin ? Il ne serait pas fâché de vous épouser, me dit-elle avec l'air du monde le plus indifférent pour le marquis. — J'en serais inconsolable, lui répondis-je... — Je ne saurais m'en étonner, répliqua-t-elle, et vous pouvez compter que je ne vous en reparlerai point. Vous avez encore un prétendant que vous ne connaissez pas et qui ne vous a jamais vue. Votre grand'mère a pensé que vous pourriez vous rencontrer, sans que vous en soyez embarrassée, dans un parloir de l'abbaye de Panthemont ? c'est un jeune homme de grande naissance, il est devenu le chef de sa famille, et du reste, vous n'aurez besoin que d'ouvrir l'histoire des Grands-Officiers de la Couronne pour y voir ce que sont Messieurs de Créquy ? — Oh, ma tante, je connais très-bien cette généalogie-là ; c'est un nom qui résonne comme le bruit d'un clairon. C'est une famille éclatante, et c'est, je crois, la seule de l'Europe qui se trouve mentionnée dans un capitulaire de Charlemagne. Ils ont produit des Cardinaux et des Maréchaux : ils ont eu des Ducs de Créquy, de Lesdiguières et de Champsaur; des princes de Montlaur et de Poix; mais comment se fait-il que celui-ci ne soit pas Duc?

— C'est apparemment qu'il ne s'en soucie guère; depuis les dernières créations, il est convenu que les titres ne signifient plus rien. Il n'y a que les noms qui puissent marquer la noblesse, et qui puissent distinguer honorablement aujourd'hui. MM. de Créquy, d'ailleurs, ont toujours reçu du roi le titre de Cousins, ce qui les met en possession naturelle des mêmes priviléges que les Ducs et Pairs, avec les honneurs héréditaires du Louvre et tout ce qui s'en suit. C'est un rang qu'ils ne tiennent que de leur naissance, au lieu de le devoir à la faveur. Les deux derniers Rois ont jeté des manteaux d'hermine sur tant d'ignobles épaules!.. La divine Émilie survint chez sa mère, qui se mit un doigt sur la bouche, et nous en restâmes là.

— Ma toute belle, mettez donc pour demain matin votre nouvel habit de dauphine-à-bouquets, et soyez ajustée pour onze heures précises, me dit ma grand'mère. —Je voudrais aussi que vous missiez des pompons sur vos cheveux blonds, et je vous en vais envoyer d'amaranthe et de couleur vert-sombre. Nous irons visiter mesdames de Panthemont à qui j'ai promis de vous mener quant-et-moi. Bon soir, ma reine! — Ne voulez-vous pas m'y conduire aussi, ma bonne tante? C'était Mlle de Preuilly qui faisait la demande en question ; ma grand'mère hésita la valeur d'une minute. — Assurément oui, ma charmante, et pourquoi donc pas?... répondit-elle avec un air de contrariété qui me donna matière à réfléchir sur l'importance et la mystérieuse intention de cette visite.

La Marquise douairière était toujours d'avis de s'en tenir aux anciennes coutumes ; sa première entrevue pour son mariage avec mon grand'père avait eu lieu à travers la grille d'un parloir à Bellechasse. Il était bienséant, il était indispensable, à ses yeux, d'en agir avec M. de Créquy comme si je n'étais pas encore sortie du couvent.

Nous voilà donc à Panthemont, dans l'intérieur de la clôture, en vertu d'un permis du Cardinal de Noailles, et nous commençons par aller faire des visites à Mme l'Abbesse, à la Coadjutrice, à la Prieure et à Mme Guyon qui se trouvait là par lettre de cachet (1). La Prieure était Mme de Créquy-Les-

---

(1) Jeanne-Marie le Bouvier de la Mothe de Suroy, veuve de Messire Thomas Guyon, Chevalier, Seigneur de Dizion, du Chesnoy, de Montlivault, de Saint-Dyé-sur-Loire et autres lieux. Un janséniste aurait dit que cette malheureuse personne était *prédestinée* pour la prison ; elle avait passé la meilleure part de sa vie dans le château de Vincennes et à la Bastille, et de plus elle venait d'être impliquée bien mal à propos dans je ne sais quelle affaire entre l'Evêque de Blois et les curés de son diocèse. M. le Régent lui rendit la liberté de s'en retourner dans ses terres du Blaisois, où elle mourut l'année suivante, et où sa postérité subsiste encore sous le nom de Montlivaut. C'était la plus patiente, la plus modeste, la plus doucement dévote et la plus belle vieille femme qu'on ait jamais vue. La Duchesse de Sully, sa fille, était moins patiente et moins résignée. Elle a passé toute sa vie

diguières. Il avait été convenu que son cousin la ferait appeler au parloir et qu'on aurait soin de nous y faire demander en même temps par la Duchesse de Valentinois, qui logeait en face de l'Abbaye. Nous y trouvâmes le Marquis de Créquy, lequel était en conférence avec sa religieuse, à l'autre bout de la même grille, et lequel se contenta de nous saluer profondément. Il regarda plusieurs fois de notre côté d'un air très-noble ; mais ce fut avec une si parfaite mesure que Mlle de Preuilly ne se douta de rien. Je n'avais eu besoin que de jeter un coup d'œil sur lui pour que ma décision fût prise. Il attendit que nous fussions parties pour s'en aller, ce qui était encore une affaire de coutume (1) ; mais il se trouva que mon futur avait pris Mademoiselle de Preuilly pour Mademoiselle de Froulay, en me prenant pour ma cousine Émilie, ce qui le refroidit dans sa poursuite et l'arrêta dans ses négociations, tellement qu'on imagina que le mariage ne pourrait s'effectuer. J'en étais bien affligée ; (pourquoi n'en conviendrais-je pas avec mon petit-fils, puisque je l'ai dit si franche-

---

dans les procès, parce que son père lui avait donné la seigneurie du canal de Briare, pour sa dot, et que la pauvre femme avait des voisins par milliers. (*Note de l'Auteur.*)

(1) Il était sous-entendu que la jeune personne et ses parentes étaient entrées au couvent pour y passer quelques jours en retraite de dévotion, d'où venait qu'elles ne recevaient au parloir que la visite d'une seule femme qu'on avait toujours eu soin d'avoir choisie parmi les plus dévotes et les plus discrètes. Si les deux parties ne s'agréaient pas, on restait quelques jours enfermé chez soi pour dérouter les curieux, et jamais les intéressés ni leurs parens n'auraient eu l'indiscrétion de rien dévoiler sur le motif de leur entrevue. (*Note de l'Auteur.*)

ment et si souvent à son grand-père?) — J'aimerais mieux épouser Mlle de Breteuil ! avait-il été dire à M. de Laon : — sa cousine a l'air d'un vilain garçon. Je vous supplie de confier la chose à votre ami M. de Rennes, afin qu'il en porte parole au Baron de Breteuil. Je n'ignore pas tout ce que j'y perdrai pour la fortune et pour la noblesse de nos enfans; mais je veux pouvoir aimer parfaitement celle que j'épouserai. Mlle de Breteuil est ravissante et Mlle de Froulay me déplaît!..... (Nous en avons ri de bon cœur et long-temps.)

M. l'Évêque-Duc de Laon n'y comprenait rien, mais la Baronne de Breteuil avait compris, et l'explication qu'elle en fit donner fut tout à la fois convenable et suffisante. — Accordez-moi donc que ce soit la faute de M. de Créquy ! disait ma grand'mère; car enfin, ma nièce de Preuilly était en grand deuil pour le Roi : il était donc hors de doute, il était visible qu'elle avait encore sa mère? Ma petite-fille de Froulay était en habit broché des sept couleurs et de mille fleurs; qu'est-ce que cela pouvait signifier, sinon qu'elle avait eu le malheur de perdre sa mère et qu'elle ne pouvait porter les deuils de cour? Je vous le demande, était-il possible de s'y méprendre? On dirait que les hommes les plus sensés d'aujourd'hui....? Je n'aurais jamais cru pareille chose du Marquis de Créquy !..... Vous me dites à cela qu'Émilie n'a pas l'air d'être la plus jeune et que le Marquis avait toute autre chose à penser qu'à la manière dont les demoiselles portent le deuil ! Mais est-ce que c'est ma faute, à moi? C'est la faute de M. de Créquy ! c'est uniquement la faute de M. de Créquy !

Voilà ce qu'elle a répété pendant plus de quinze ans, c'est-à-dire jusqu'à la fin de sa vie, et M. de Créquy n'en est jamais disconvenu.

Un rhéteur athénien s'en vint un jour en Laconie, chez les Spartiates, et leur proposa d'écouter un éloge d'Hercule. Ils lui répondirent laconiquement. — *Qui est-ce qui le blâme?*

Il m'avait semblé que j'aurais pu n'omettre aucuns détails en vous parlant de M. de Créquy? Je suis devenue septuagénaire, mais malheureusement, mon cœur ne l'est pas, mon Enfant! voilà que mon cœur se serre en pensant à votre aïeul à qui j'ai dû tant d'années d'un parfait bonheur; et quand je le représente à ma pensée pour vous le reproduire avec tous les agréments de sa jeunesse, mes pleurs m'aveuglent. Je n'ai pas eu le bonheur de mourir la première, et ma douleur se ravive au point de ne pouvoir continuer à vous parler de lui. D'ailleurs, le portrait que j'en aurais entrepris n'aurait pu me satisfaire, et m'aurait fait soupçonner de prévention favorable ou d'exagération. Vous apprendrez à connaître votre grand-père en lisant les mémoires de sa veuve. Les faits parleront plus éloquemment et plus haut que je ne l'aurais pu faire(1).

---

(1) Louis-Marie-Charles-Arras-Adrien, Sire et Marquis de Créquy, Saint-Pol, Heymont, Blanchefort, Canaples et autres lieux; Prince de Montlaur; Souverain-Comte d'Orlamunde et Libre-Seigneur de Wesem; Grand d'Espagne de la première classe en substitution des Ducs de Mirande; Premier Haut-Baron, Premier Pair et Grand-Forestier d'Artois, co-Seigneur de Valenciennes et Châtelain royal de Bruges, Colonel-Général et Inspecteur-Général des armées du Roi, Chevalier de l'ordre insigne de

la Toison-d'Or, Grand'croix de l'ordre royal et militaire de Saint-Louis, Grand'croix de l'ordre militaire et hospitalier de Saint-Jean de Jérusalem de Malte, etc., etc. Né au château d'Heymont le 8 novembre 1686, ayant eu pour parrain le Roi Louis XIV, et pour marraine Louise de Bourbon, Princesse de Condé, représentée par la ville d'Arras. *(Note de l'Aut.:*

CHAPITRE XI.

Préliminaires de mariage. — Visite à l'hôtel de Lesdiguières. — Magnificence de cette maison. — La Duchesse Marguerite. — Tutèles des femmes. — Leurs avantages pour le rétablissement des fortunes. — Les hermines et les peaux de chat blanc. — Mariage de l'auteur. — La Croix Palatine. — Dévotion de la Marquise de Froulay et vénération du peuple de Paris pour cette croix. — La Gazette de Leyde et le Mercure de France. — La Duchesse de Berry et les cymbaliers. — Mort de Mme de Lesdiguières. — Devise composée pour elle par Mme de Sévigné. — Erreur de Saint-Simon sur les habitudes de cette Duchesse.

Après sept à huit mois de pourparlers, de vérifications et autres préliminaires qui parurent indispensables à mes parens, on décida que nous irions faire une visite à la Duchesse de Lesdiguières, par la raison qu'elle était la douairière et la principale survivante de toute la branche aînée de la maison de Créquy entée sur celle de Blanchefort, et parce que M. de Créquy désirait qu'on lui donnât cette marque d'égards avant de passer outre.

Marguerite de Gondi, Duchesse de Créquy-Lesdiguières, était Duchesse de Retz et de Beaupréau, de son chef et comme héritière de cette famille italienne que la Reine Catherine et la Reine Marie de Médicis avaient si libéralement pourvue de biens et d'honneurs à raison de leurs affinités consanguines

Depuis la perte de son aimable fils et depuis la mort de l'Archevêque de Paris, M. de Harlay, qui n'était pas moins aimable à ses yeux, cette fameuse Duchesse n'était plus sortie de l'enceinte de son grand palais, dont la chapelle est encore ouverte au public et dont les jardins étaient d'une immense étendue. Les chantiers de l'arsenal en occupent maintenant la plus grande partie, et ce fut le Premier Président d'Ormesson qui s'accommoda du reste après la mort de votre tante, moyennant une petite somme de deux cent soixante mille écus, ce qui fit crier tout Paris sur un pareil acte d'ambition vaniteuse et de gloriole parlementaire. Une salle de cette habitation plus que royale était garnie de tentures à fond d'or, ouvragées avec des arabesques en perles de nacre et de corail : ainsi jugez du reste des meubles ! La plupart étaient en argent massif et magnifiquement ciselés des plus hauts-reliefs surdorés ; ce que la Duchesse Marguerite avait soustrait à l'édit fiscal de 1705, en les faisant racheter à l'hôtel des Monnaies pour le même poids en écus ; ce qui fut approuvé généralement, parce que son fils vivait encore et qu'elle était sa tutrice.

Vous dire ici les précieux tableaux et les riches tentures, les vases et les girandoles en cristal de roche, et la quantité des meubles de Boulle, et les anciens bronzes, et les marbres rares, et les bijoux inestimables, et la profusion des joyaux, autant vaudrait vous copier l'ancien Mémorial du Louvre ou le catalogue de la Sagristica Vaticana ! Le Saint-Simon n'en a rien dit de trop dans ses Mémoires, et pour en finir sur les somptuosités de l'hôtel de Lesdiguières, je vous dirai qu'on nous y servit des rafraîchissemens sur des assiettes d'or émaillé, lesquelles étaient garnies avec des moitiés de belles perles fines, adhérentes et bien enchâssées, comme on les voit appliquées sur les montres ou les médaillons de collier. Le Maréchal de Richelieu disait toujours que le jeune Duc de Lesdiguières était le dernier grand seigneur qu'on avait pu voir en France. Il n'allait jamais à la Cour sans être accompagné de soixante gentilshommes; il avait accordé pour deux cent douze mille francs de pensions; il ne refusait jamais à un pauvre et ne donnait jamais à chaque mendiant moins d'une pistole (1).

(1) François IV de Créquy de Blanchefort de Bonne de Lesdiguières d'Agoult de Vergy de Montlaur de Montauban, Souverain Sire de Créquy, Saint-Pol et Canaples, Duc de Lesdiguières, de Créquy, de Champsaur, de Retz et de Beaupréau; Prince de Poix, de Commercy, de Montlaur et d'Enville; Marquis et Comte de Joigny, de Montauban, du Mirebalais, de Blanchefort, de Sault, de Treffort, Montmirail, Amanthou, Saint-Sévère-en-Auxois, Saint-Janurin, Tervye, Marines, Ortigues et Castelnau-de-Roussillon; Vicomte de Viennois et de Ponthieu; Vidame d'Embrunois et co-Seigneur de Digne; Duc et Pair de France, premier Haut-Baron, premier Pair et Grand-Forestier d'Artois, Grand d'Espagne de la première classe et Ricombre d'Aragon, Prince Romain, Despote et Sébastocrate héréditaire de l'Empire d'Orient, Prince du Saint Empire Germanique et Condéparient du Roi de Portugal, Commandeur héréditaire des ordres royaux et religieux de Calatrava, d'Alcantara, de Christ et d'Aris, etc.

Il avait épousé, en 1696, Louise de Durfort, fille de Jacques-Henry, Maréchal-Duc de Duras, et de Marguerite de Lévis-Lautrec et Ventadour.

Il était mort à Modène en 1704, âgé de 25 ans, sans laisser de postérité légitime. (*Note de l'Auteur.*)

Quant au mobilier de son père et sa mère, il avait fallu pour le rassembler trois cents ans de faveur continue, un seizième siècle, un Connétable de Lesdiguières, et, sur toutes choses, il avait fallu une tutèle de femme, autant vaut dire une sollicitude de mère, à chaque génération pendant 180 ans. J'ai remarqué que les fortunes ne périclitent guère et qu'elles se rétablissent presque toujours sous la tutèle des femmes, qui, d'abord et de fondation, ne veulent jamais entendre parler de rien aliéner, et qui sont toujours en frayeur des gens d'affaire et en défiance contre les projets d'amélioration prétendue, pour peu qu'ils doivent coûter un peu d'argent. C'est leur ignorance de l'administration des biens qui les met en garde, et c'est leur méfiance qui sauve le patrimoine de leurs enfans. On m'a toujours demandé comment j'avais pu si bien rétablir la fortune de mon fils? J'ai ménagé pour payer sans emprunter et sans vouloir écouter jamais les propositions des procureurs ou des intendans : voila ma recette et voilà toute ma science administrative.

Cette belle Duchesse était restée belle, et je n'ai vu dans nulle autre personne un extérieur, une attitude, une physionomie de distinction plus naturelle, avec une simplicité si noblement élégante. Il était resté dans toutes ses habitudes un air de préoccupation circonscrite et restreinte à ses affections, avec une sorte de nonchaloir et de gracieuse indifférence pour tout le reste. On voyait très-bien que la grande affaire de sa vie n'avait pas été celle de briller à l'extérieur et d'éblouir des yeux indifférens. On n'apercevait aucune trace, aucun reflet de prétention vaniteuse au milieu d'un pareil étalage de splendeur. Elle était née dans la magnificence; elle y avait vécu, elle y restait sans y prendre garde, et depuis la mort des deux seuls objets qu'elle eût aimés, le monde était devenu moins que rien pour elle, ce qui d'ailleurs ne l'empêchait en aucune façon de rester bienveillante et de se montrer parfaitement polie.

Elle vint au-devant de nous jusque dans la salle de son dais, qui était remplie d'Écuyers, de Pages et autres gentilshommes à elle; tout cela noblement vêtu de grand deuil ainsi que leur maîtresse, à raison de la mort du Roi, car on comprend bien que le formulaire de la Duchesse de Berry n'avait pas franchi les grilles dorées et blasonnées de l'hôtel de Lesdiguières. Elle n'était servie dans son intérieur que par des Demoiselles dont elle avait bon nombre et qui, presque toutes, étaient d'anciennes pensionnaires de Saint-Cyr. Quand nous fûmes assises dans sa chambre, M. de Créquy me fit un petit signe des yeux pour un portrait de jeune homme qui me parut le plus beau du monde, et ce tableau, qui est le chef-d'œuvre de Mignard, était le seul qui fût dans l'appartement. Lorsque je reportai les yeux sur la Duchesse de Lesdiguières, elle me souriait avec un air de résignation douloureuse. Son cœur de mère avait été compris (1).

(1) C'était la copie de ce même portrait qui se trouvait au château de Conflans, et qui a fait éprouver à Mme de Staël un accès d'enthousiasme et de sensibilité singulière, ainsi qu'on le verra dans la suite de cet ouvrage. Ce tableau n'existe plus; il a été détruit lorsqu'on est allé piller et saccager Conflans au mois de juillet 1830. (*Note de l'Éditeur.*)

Ma grand'mère était de ces femmes de raideur et de sévérité, qui ne composent jamais avec l'irrégularité des autres, et la froideur était pour elle en certains cas un acquit de conscience; Mme de Breteuil était naturellement silencieuse; M. de Créquy avait bien de la peine à faire aller la conversation, et comme il ne fut pas dit grand' chose pendant cette visite, j'aime autant vous parler de la chambre où nous nous trouvions.

Je me souviens que cette belle pièce était toute en laque de Coromandel à grands ramages et hauts-reliefs d'or sur fond cantharide, avec un ameublement d'étoffe des Indes, brochée gris sur gris de quatre à cinq nuances. Le grand tapis de cette chambre était en velours gris et garni de franges d'or; mais celui qu'on appelait alors tapis-de-milieu était en véritable hermine mouchetée, et pour en évaluer le prix d'après ce que coûte un manteau ducal, mon oncle de Breteuil estima qu'il y en avait pour environ 90 mille livres. A propos d'hermines, je vous dirai que l'animal devient très-rare ; ainsi, vous ferez bien de faire soigner attentivement cette sorte d'insigne. Un manteau d'hermines mouchetées de leurs queues ne nous a jamais coûté moins de cinq à six cents louis. La bête est fort petite; aussi, faut-il avoir attention d'écrire à notre ambassadeur à Constantinople, afin qu'il fasse des commandes en Arménie, plusieurs années à l'avance de celle où l'on doit procéder au sacre de nos Rois. Le sacre de Louis XV a été retardé de quinze à dix-huit mois parce qu'on n'avait pas eu cette précaution-là. Au sacre de Louis XVI, on a porté de la peau de chat blanc, et M. de Crillon s'en est vanté, du moins ; ce qui donna lieu d'observer qu'il en pouvait avoir en provision parce que le grand-père de sa mère en était marchand. Je vous dirai qu'autrefois les exigences de la mode et du bel air n'étaient pas moins dispendieuses que certaines obligations du rang et du cérémonial ; j'ai ouï dire à Mme de Coulanges qu'elle avait fait acheter en Bourgogne pour plus de dix mille francs de cheveux blonds pour le compte de M. le Duc de Berry, pendant le cours d'une seule année, et tout le monde a su que M. le Régent payait cent cinquante louis pour chacune de ses perruques (1).

Cette première visite à l'hôtel de Lesdiguières où nous devions recevoir la bénédiction nuptiale, avait eu lieu pendant l'avent de Noël ; ainsi, rien n'aurait empêché que nous ne fussions mariés avant le carême ; mais il arriva que ma tante de Breteuil-Sainte-Croix vint se jeter à la traverse en nous parlant de son mariage avec le Marquis de la Vieuville. C'était une affaire urgente à cause de l'âge du futur ; il aurait été fatigant et peut-être ridicule de procéder en même temps et dans la même famille à deux mariages aussi discordans ; il était convenable de me faire céder le pas à ma tante ; et voilà notre mariage encore ajourné jusqu'après Pâques, en dépit de M. de Créquy.

Le lendemain du jour de ses noces, il arriva que

---

(1) *Voyez*, relativement au prix des cheveux blonds, les lettres de la D^sse de Beauvilliers au Mis de Louville. *Mémoires* de Louville, tome I.   (*Note de l'Éditeur.*)

ma tante, la nouvelle mariée, se mit en route pour Vincennes à sept heures du matin, afin de s'y trouver au petit lever du petit Roi. — Qu'est-ce qu'on dit à Paris? lui demanda la Duchesse de Ventadour; et comme cette nouvelle Marquise de la Vieuville ne répondait pas, absorbée qu'elle était dans la grandeur et la contemplation de son privilége des entrées de la chambre, le Maréchal de Tessé répondit au Roi (qui avait répété mot à mot la question de sa gouvernante) : — Sire, lorsque ma nièce en est partie pour venir vous faire sa cour, on y disait la première messe

Ce fut le jeudi de la semaine de Pâques que nous fûmes mariés en grande pompe, dans la chapelle de l'hôtel de Lesdiguières, par le Cardinal de Rohan-Soubise, à qui M. le Cardinal de Luxembourg voulut absolument servir d'assistant; ce qui fut regardé comme une distinction sans égale, et pourtant la Croix-Palatine était présente à notre mariage, en fait de distinction ! Ma grand'mère avait employé quinze jours à solliciter le Cardinal de Noailles, afin qu'il nous voulût bien prêter la Croix-Palatine, ce qui devait nous porter et nous assurer un bonheur parfait, disait ma grand'mère, et ce dont M. le Cardinal ne disconvenait point. Mais la charité de ce prélat se trouvait combattue par ses obligations de conscience; il était indécis entre son obligeance et sa régularité, sa bienveillance pour notre famille et sa rigidité comme dépositaire. — Mais, lui disait ma grand'mère, est-ce qu'il est possible d'en faire assez pour M. de Créquy, le dernier de sa maison? Et voilà ce qui déida son Éminence à nous envoyer la Croix-Palatine accompagnée de six chanoines de Notre-Dame qui ne devaient pas la perdre de vue, et qui nous arriva dans la chapelle au bruit des tambours et sous une escorte de quarante grenadiers aux gardes-françaises. Toutes les troupes avaient pris les armes sur le passage de la Croix, qu'on apporta sous un dais depuis l'archevêché jusqu'à l'hôtel de Lesdiguières, et tout le peuple suivait en procession. La gazette de Leyde en a parlé pendant plus de trois mois, et pour le surplus des cérémonies et fêtes de notre mariage, ayez la bonté de consulter le supplément au Mercure de France (1).

Il faut vous dire que le jour de notre mariage, les reliques palatines avaient été rencontrées sur la place de Grève, par Mme la Duchesse de Berry qui se faisait accompagner depuis quelques jours par une escouade de cymbaliers qui faisaient un vacarme affreux. Elle n'eut pas l'air de voir la procession pour ne pas s'arrêter dans sa marche, et surtout pour ne pas descendre de sa voiture. Le Cardinal de Noailles en fit l'objet d'une requête à M. le Duc d'Orléans, et le Maréchal de Villeroy cria si haut contre cette usurpation des cymbaliers et du bruit de leurs cymbales dans les rues de Paris, qui

(1) La Croix-Palatine avait été léguée à l'Église de Notre-Dame par le Cardinal de Richelieu, qui s'était fait ouvrir tous les sanctuaires de l'Europe, afin d'en composer ce reliquaire. Il était d'or, en forme de croix latine et magnifiquement orné de pierreries. L'ancien Archevêque de Paris, M. de Juigné, l'avait préservé de la révolution de 94 ; il a disparu de l'archevêché pendant la révolution de Juillet.   (*Note de l'Éditeur.*)

est un privilége uniquement réservé pour le Roi, que M. le Régent gronda sa fille et que les cymbaliers furent renvoyés dans leur caserne.

Nous allâmes nous établir sous le chaperonnage de ma grand'mère, à l'hôtel de Créquy-Canaples, rue de Grenelle, où la Duchesse Marguerite avait eu l'attention de faire ajuster l'appartement de son cousin. Les tentures et les meubles de la grande salle étaient en drap d'or avec des rameaux de pampre en velours cramoisi, tandis que notre chambre de parade était tapissée d'un brocard à fond d'argent tout fleuronné de petites marguerites roses, et brochant sur le tout, de brillantes et grandes gerbes de fleurs naturelles entremêlées d'épis de blé en relief d'or, avec de longues plumes de paon supérieurement bien nuancées, comme aussi de larges rubans satinés, d'un bleu tendre, ajustés en entrelacs d'ornement et courant d'un bouquet à l'autre sur le semé de fleurettes à fond d'argent. Je n'ai vu de ma vie plus belle étoffe et plus agréable à voir (1) ; mais c'était un faible accessoire à son présent de noces, car cette magnifique personne avait fait placer dans ma corbeille pour environ quatre-vingt mille écus de diamants. Toutes les pierreries héréditaires de votre maison nous furent délivrées après sa mort, qui survint inopinément deux mois plus tard, à la suite d'une apoplexie séreuse. Elle n'était âgée que de cinquante-deux ans. Comme elle avait été grand'mère à vingt-huit ans, c'était pour elle que Mme de

---

(1) M. de Créquy disait que la Duchesse Marguerite en avait de mille sortes en provision de garde-meuble.

Sévigné avait choisi l'emblème de l'oranger avec cette devise : « *Le fruit n'y détruit pas la fleur.* » Ce que Gilles Ménage avait concentré dans trois mots grecs dont je ne me souviens plus. Vous trouverez cette même devise avec la version de Ménage dans les bordures et les cartouches de plusieurs tapisseries qui nous sont provenues de la succession de Mme de Lesdiguières, et que j'ai fait porter à Montflaux.

On ne conçoit pas dans quelle intention M. de Saint-Simon a pu dire que la Duchesse de Lesdiguières était *continuellement hors de chez elle ?* C'est une assertion qui n'avait été vraie pour aucun temps de sa vie; car on lui reprochait dans sa jeunesse de ne jamais sortir de chez elle que pour aller à Conflans. Il y avait onze ans qu'elle n'avait quitté son appartement lorsqu'elle en est sortie dans son cercueil. M. de Créquy fut l'accompagner jusqu'à Blanchefort, où elle avait désiré qu'on l'inhumât dans la même chapelle que son fils et que le Bienheureux François de Blanchefort. J'éprouvais pour elle un sentiment que M. de Créquy nommait un *attrait miséricordieux :* votre grand-père avait pour elle une affection tendre et sincère. J'ai toujours regretté de ne pas l'avoir vue plus souvent et plus long-temps.

FIN DU PREMIER VOLUME.

TABLE

DES MATIÈRES CONTENUES DANS CE PREMIER VOLUME.

Pages

Avis du Libraire-Éditeur. j

Avis de l'Éditeur. 1

A mon petit-fils Tancrède Raoul de Créquy, Prince de Montlaur. 9

Chapitre I. Naissance de l'auteur. — Son éducation. — Sa famille paternelle. — Une abbaye royale. — Une Abbesse bénédictine. — Les paysans de Normandie. — Le suicide au couvent. — L'assassin *cul-de-jatte*. — Le pâtre sorcier. — Mademoiselle des Houlières. — La bête du Gévaudan. 19

Chap. II. Suite de l'éducation de l'auteur. — Madame l'Intendante. — Une mystification. — Ses suites funestes. — Une Princesse du sang. — Un pélerinage. — Le mont Saint-Michel. — Les dames bretonnes. 60

Chap. III. Mort du Marquis de Monflaux, frère de l'auteur. — L'étiquette pour les deuils. — La Duchesse de Berry, fille du Régent. — Voyage à Paris. — Première entrevue de l'auteur avec le Comte de Froulay, son père. — L'hôtel de Breteuil. — La Marquise de Breteuil-Sainte-Croix. — Le Baron et la Baronne de Breteuil-Preuilly. — Le Commandeur et la Comtesse de Breteuil-Chameaux. — La cassette du Commandeur. — Sa mort. — Émilie de Breteuil, depuis Marquise du Châtelet. — Lettre de Madame de Maintenon. — Ses armoiries. — Le Maréchal et la Maréchale de Thomond. — La cour d'Angleterre à Saint-Germain. — Première dispute avec Voltaire. — Pressentiment vérifié. 89

CHAP. IV. *La civilité puérile et honnête* (édition de Poitiers).
— M. de Fontenelle. — Le marquis de Dangeau. — Le
vieux Duc de Saint-Simon. — Jean-Baptiste Rousseau.
— Démenti que l'auteur donne à Voltaire.—Le Maréchal
d'Ecosse.—La Marquise douairière.—Visite à Saint-Cyr.
— LE ROI. — Madame de Maintenon. — La Duchesse
du Maine. — Le *God save the king* à Saint-Cyr.   107

CHAP. V. Cartouche à Paris. — M. d'Argenson. — Le
Cardinal de Gèvres.—Mme de Stahl.—La Duchesse de la
Ferté et son système astronomique.—Le Gouverneur de
Paris et ses Pages. — Le Chevalier-du-Guet dévalisé par
Cartouche. — Les mousquetaires et les bourgeois de
Paris.—Hélène de Courtenay, Marquise de Bauffremont.
— Son crédit sur Cartouche. — Lettre de Cartouche à
Mme de Bauffremont.—Le diamant et les sauf-conduits.
— L'Écu *barré*. — Le titre *biffé*. — L'antipathie des
analogues et l'affinité des contrastes. — Jeanne d'Albret.
— Un Prince à la potence.—L'étendard du Bas-Empire
déployé en Bourgogne. — Entraves pour donner la torture. — Mademoiselle de Constantinople. — Les Pères
de la Merci. — Rachat des Captifs grecs.— Le bourreau
de Tunis employé par une dame française. — Intrigue
relative à l'église de Sainte-Sophie. — Duperie qui
coûte plusieurs millions. — Dissimulation d'une jambe
coupée, etc.   133

CHAP. VI. Galanterie de Louis XIV envers l'auteur. —
Même politesse de Bonaparte envers l'auteur, à 85 ans
de distance.—La mère du Régent. — Son portrait. —
Introduction de la choucroute en France. — Ragoûts
d'Allemagne. — Le tabac d'Espagne avec du melon. —
Emploi de la momie dans la pharmacie. — Le chien
révélateur de l'âge. — Il est battu par la Duchesse d'Elbœuf, qui meurt d'une indigestion de nèfles. — Mort
du Duc de Berry, petit-fils de Louis XIV. — Affreux
soupçons. — Maladie du Roi.— Sa mort, son éloge. —
Erreurs historiques introduites par le protestantisme et
l'esprit philosophique. — Passage de l'histoire de saint
Louis altéré par des protestans.—Don Carlos d'Espagne.

TABLE DES MATIERES.

Pages

— L'Amiral de Coligny, grand-oncle de l'auteur, accusé d'avoir comploté contre la vie du Roi Charles IX. 156

CHAP. VII. La Musique de Louis XIV.— Dernières paroles de ce Prince. — La Bulle *Unigenitus*. — Le cardinal de Noailles et le Duc de Saint-Simon. — Prévision des gens religieux. — Le vieux Duc de Lauzun. — Le Grand-Aumônier de France. — « LE ROI TE TOUCHE, DIEU TE GUÉRISSE. » — Louis XIV touche des malades à son lit de mort. — Saint-Simon n'en parle pas. — Motif de cette omission. — « LE ROI EST MORT ! » — Deuil général en Europe. — Divertissement chez la fille du Régent. — La duchesse de Berry. — M. et Mme Chapelle. — La Reine d'Espagne. — La Duchesse de Modène. — Leur frère le duc de Chartres. — Les paroles d'honneur de M. le Régent. — Funérailles de Louis XIV. — Le lit de Justice. — Lord et Lady Stairs. — Louis XV enfant. — La duchesse de Ventadour. — Les lisières du Roi. — L'Abbé Dubois. — Sa réputation, même avant que d'être Ministre. — La comtesse de Saulx-Tavannes. Sa disgrâce. — Personnages enterrés vivans. — L'exilé portugais. — Étrange autopsie. 17

CHAP. VIII. Les Jacobites anglais. — Complot contre le Prétendant. — Le Chevalier de Saint-Georges. — La maîtresse de poste. — Les assassins capturés. — Milord Stairs. — Les Nobles-à-la-Rose. — Le grand-œuvre. — La Marquise d'Urfé. — La pierre philosophale. — Certitude acquise. — Insignes de la couronne d'Angleterre. — Héritiers légitimes de cette couronne. — Le feu Roi de Sardaigne. — La Comtesse d'Artois. — Sa Postérité. 191

CHAP. IX. De la haute noblesse. — Les Sires de Froulay, Comtes de Tessé. — Les Talleyrand. — L'auteur conteste leur généalogie. — Motif de chronologie qu'il oppose à leur surnom *de Périgord*. — L'Évêque d'Arras et Robespierre. — Le buffet de Versailles et l'Abbé de Talleyrand. — Le Thon mariné. — Scrupule de conscience. — Première ambassade de M. de Talleyrand. — Comment il s'en acquitte. — Son zèle en faveur de Marie Alacoque. — Lettre de lui à ce sujet. — La maison de Rohan. —

— Celles de la Trémouille et de la Tour d'Auvergne. —
Les Mailly. — Les Montmorency. — Les Clermont-
Tonnerre. — La maison de Beauveau-Craon. — Celles
de la Rochefoucauld, de Lévis, de Sabran, de Narbonne,
de Croüy, etc. — Les Saint-Simon et les Broglie. — Les
grandes familles éteintes. — La maison de Noailles. —
— Contestations injustes ou suppositions ridicules à cet
égard. — Les Montmorin. — Mot de Louis XV à leur
sujet. — M. de Chauvelin. — Autre mot de Louis XV.
Samuel Bernard et son fils M. de Boulainvilliers. —
Le chirurgien Maréchal et son fils M. de Bièvre. —
Son titre de *Marquis*, provenu d'un sobriquet. — L'entrepreneur du canal du Midi. — Son extraction. — Les
Mirabeau. — Prétentions exagérées. — Les Lejeune de
la Furjonnière condamnés à quitter le nom de Créquy
par arrêt du Parlement. 204

CHAP. X. Les duels. — Tribunal du Point-d'Honneur. —
— Querelle sérieuse au sujet d'un angora. — Le Duc de
Richelieu. — Le Comte Em. de Bavière. — Le Chevalier d'Aydie, Comte de Riom. — Le Maréchal de Chamilly. — M. Bouton. — Sa mort. — Remarque sur les
armes de Breteuil. — Mariages forcés. — Première entrevue. — Singulier usage et quiproquo. — Le Marquis
de Créquy. 221

CHAP. XI. Préliminaires de mariage. — Visite à l'hôtel de
Lesdiguières. — Magnificence de cette maison. — La
Duchesse Marguerite. — Tutèles des femmes. — Leurs
avantages pour le rétablissement des fortunes. — Les
hermines et les peaux de chat blanc. — Mariage de l'auteur. — La Croix-Palatine. — Dévotion de la Marquise
de Froulay et vénération du peuple de Paris pour cette
croix. — La Gazette de Leyde et le Mercure de France.
— La Duchesse de Berry et les cymbaliers. — Mort de
Mme de Lesdiguières. — Devise composée pour elle par
Mme de Sévigné. — Erreur de Saint-Simon sur les habitudes de cette Duchesse. 234

FIN DE LA TABLE DU TOME PREMIER.

www.ingramcontent.com/pod-product-compliance
Lightning Source LLC
Chambersburg PA
CBHW070646170426
43200CB00010B/2146